父母觉醒

不吼不叫，激发孩子学习内驱力

温 爸——著

人民邮电出版社

北 京

图书在版编目（CIP）数据

父母觉醒：不吼不叫，激发孩子学习内驱力 / 温爸
著. -- 北京：人民邮电出版社，2025. -- ISBN 978-7
-115-67489-0

Ⅰ．G78；G791

中国国家版本馆 CIP 数据核字第 2025ZW6290 号

内 容 提 要

　　孩子能主动高效完成作业，学习成绩优异，考入理想的名校，是每一位家长内心深处的殷切期盼，而本书能够辅助家长实现这一美好愿景。

　　本书共 5 章。第 1 章概述了笔者 40 多年以来助力身边人升学的故事和经验。第 2 章介绍了提高学习成绩的基本学习方法。第 3 章总结了学习流程，涵盖语文、英语、数理化等科目的学习流程，以及解题过程五步法则等。第 4 章总结了考试技巧。第 5 章探讨了家长如何有效地帮助孩子。

　　即便毫无培养孩子经验的新手父母，抑或是学历与文化程度不高的父母，将书中的学习方法落到实处，也能有效地激发孩子内驱力，提升孩子的学习成绩。

◆ 著　　　　　　温　爸
　　责任编辑　　刘　姿
　　责任印制　　彭志环

◆ 人民邮电出版社出版发行　　北京市丰台区成寿寺路 11 号
　　邮编　100164　电子邮件　315@ptpress.com.cn
　　网址　https://www.ptpress.com.cn
　　北京市艺辉印刷有限公司印刷

◆ 开本：880×1230　1/32
　　印张：5.75　　　　　　　2025 年 9 月第 1 版
　　字数：108 千字　　　　　2025 年 9 月北京第 1 次印刷

定价：49.80 元

读者服务热线：(010)81055296　印装质量热线：(010)81055316
反盗版热线：(010)81055315

目 录

第 **3** 章　提高成绩的手段：学习流程

第 **4** 章　**提高成绩的手段：考试技巧**

第 **5** 章　**家长如何才能帮到孩子**

第 1 章

40 多年辅导经验：
助力身边人升学的故事

1.1 孩子是怎么考上清华的

儿子被清华大学录取了！这一刻，我一直悬着的心终于落下了。不得不说，孩子能否考上一所理想的大学，对每一对父母来说都是一场严峻的考验。

希望孩子考上一所理想的大学，这是亿万父母心中强烈的期盼。很多父母为了实现这个期盼，可谓是付出了巨大的努力。然而，最终的结果却常常不尽如人意。那么，应该怎么做呢？

儿子小学是在哈尔滨读的，那里实行"5+4"学制，而北京实行"6+3"学制。儿子在哈尔滨读完小学五年级后，转至北京直接上初中。这样，他的小学和初中共读了8年，比多数孩子少读了1年。他中考考入北京四中高中部，高考则成功考上清华大学，那年他才17岁。4年后，他又被保送为清华硕士研究生。

回顾儿子的学习历程，我感触较深的是，学习方法是提高学习成绩的关键抓手之一。

在督促孩子学习的过程中，家长如何教孩子学习方法？传授给孩子的学习方法，他是否完全掌握了？哪些地方还需要改进？

我自己总结、归纳了一整套学习方法，它涉及学习习惯、针对知识点的方法、考试技巧和学习流程等。儿子熟练掌握了我总结的这套学习方法，而且用得非常顺手。

在我总结、归纳的学习方法中，学习习惯包含专注力、内驱力、写计划、写随笔、课后整理完善笔记、用"手、嘴、耳朵"学习等；针对知识点的方法有预习、上课听讲、课堂笔记、先复习后写作业、总结—归纳—提炼、解题过程五步法则、草稿纸使用、背诵与记忆、作文五步法则、整理错题、举一反三等；考试技巧涵盖考前复习、把握考试时间、答题顺序、领会出题人意图、不会做的题也要尽量得分、阅读理解三筛法、考后分析等；学习流程包括各科目的学习流程、在家学习的流程、当天各科目的复习流程、听课流程、写作文的流程、考前复习的流程、做题的流程等。

在这里，学习习惯、针对知识点的方法、考试技巧都是由一个个独立的方法、工具或设备组成的，而学习流程则是这些"独立的方法、工具或设备"连接成的"一条条生产线"。在我总结、归纳的学习方法中，最为实用、有效的当数学习流程。学习流程好比"汽车生产线"，我们通过"汽车生产线"实现整车生产制造，"生产线"实现的是整体功能，"生产线"上一个个"设备"实现的是局部功能。

　　例如，解题过程五步法则是一个极为典型且切实有效的学习流程。一般来说，只要做题，无论哪一门课程，都需要运用这个学习流程。解题过程五步法则包含 5 个步骤。

　　第一步：审题、读题。

　　第二步：往草稿纸上转移、转化解题条件。

　　第三步：在草稿纸上尝试寻找解题思路。

　　第四步：往卷子上誊写答题过程及答案。

　　第五步：检查。

　　在做题时，这 5 步浑然一体、紧密相连、一气呵成，不可将其割裂开来。

　　实际上，解题过程五步法则并不高深莫测，第一步审题、读题，第四步往卷子上誊写答题过程及答案，以及第五步检查，凡是做过题的人都知晓；第二步往草稿纸上转移、转化解题条件，你可以将其理解为在草稿纸上画草图，这也并不深奥；第三步在草稿纸上尝试寻找解题思路，其核心在于把草稿纸当成实验室，一次又一次地不断尝试，通过尝试找出解题思路，最终成功解题。

　　解题过程五步法则的每一步单独看均不复杂，然而，当把这 5 个步骤组合起来，形成一套组合拳，构建出一套写作业、做题及考试答题的流程时，它的意义和价值就非常大了。

　　我和爱人早早地就把"教孩子学习方法"当作家长的"法

定任务"了，而不完全依赖老师。从幼儿园到小学的衔接阶段开始，我们便陆续为儿子示范、讲解学习方法，由易到难、由浅入深。只要儿子在学习过程中遇到的问题需要用某种学习方法去解决时，我们就在家为他示范、讲解这种学习方法。我们坚持问题导向，根据问题的需求，为儿子匹配相应的学习方法。

例如，幼儿园大班涉及听课，我们便在家模拟课堂情境，为儿子示范、讲解课堂上听课的具体方法。

我们的教法是：家长在家模拟课堂情境教孩子如何听课，反复不断地重复，直到孩子熟练掌握。具体怎么做？将桌子、凳子和黑板都预备好，爸爸、妈妈和孩子齐上阵。爸爸和妈妈一人模仿老师讲课，另一人当学生，给坐在旁边一起当学生的孩子做示范：听课的时候，如何运用手、眼、耳朵、嘴巴、脑子以及保持正确的坐姿。这就是模拟课堂情境。这么做并不难，家长都应该做得到。

我们将每一个总结、归纳的学习方法都教给了儿子。我们并不急于求成，对于每一个学习方法，我们打算为儿子示范、讲解 50 ～ 100 次，我们从来不怕麻烦。在培养孩子的过程中，家长千万不要怕麻烦、没耐心、急于求成。在教授儿子学习方法的实际过程中，有的学习方法教 3 ～ 5 次，有的教十几次，儿子便熟练掌握了。家长稍微耐心一点，一般都能教会孩子。

当儿子每天的作业明显变多后,我们就在家为儿子示范并讲解写作业的方法——先复习后写作业。不能一回家就直接写作业,应先将当天课堂上学的内容复习一遍再写作业。家长最好给孩子示范、讲解各科复习方法。写作业的具体方法就是应用解题过程五步法则,这也要给孩子反复示范、讲解,直到孩子熟练掌握。

复习一遍再去写作业,孩子就将知识点掌握得差不多了,可再通过写作业检验和发现知识点的规律。听课、复习和写作业三位一体,相辅相成,这样孩子就可以更好地理解老师当天讲的知识点。

在我们家,无论遇到何事,尤其是学习方面的问题,一定是先研究方法,找到方法或工具,再依靠方法或工具去解决问题。比如,别人送来一条鱼,我们不知道怎么做,那就上网查找具体做法;买个架子,需要自己组装,我们就先看说明书和图纸,然后照做。我们从儿子年幼时就逐渐培养他形成这种思维模式,久而久之,他便熟悉、适应并掌握了这种思维模式,慢慢地就养成了习惯,也就不自觉地这么去做了。

从儿子读幼儿园到小学、初中、高中,我们都是这么给儿子示范的。逢山开路,遇水搭桥,这里的"山和水"就是儿子遇到的问题,"路和桥"就是方法。

为何反复提及"示范"二字呢?我们教儿子学习方法,主要是用行为示范，让儿子模仿我们的行为，而嘴仅用来辅助解释行为要领。也就是说，在教儿子学习方法时，我们几乎不用嘴讲学习方法的意义、价值和好处，不空谈大道理，而是为儿子示范、讲解学习方法的操作流程和要领。在我看来，几乎每个学习方法都应该用行为去教，而非用观点、理念和道理去教。教孩子学习方法，手的作用比嘴的作用大多了。

我们偶尔也给儿子讲题，但是，我们主要是反复教儿子学习方法、训练儿子掌握学习方法，长年如此，坚持不懈。

有一次，我与儿子聊天，问他："你认为学习过程中最重要的因素是什么？"儿子不假思索地说："当然是学习方法了。"他还补充了一句："你不就是这么教我的吗？"我又问他："你觉得我教给你的学习方法中，哪些比较实用且厉害？"他不假思索地回答："写计划、写随笔、草稿纸使用、解题过程五步法则，还有你那个'地毯式'学习流程。"

阅读是求学路上的关键项，我们自然很重视，但我们并没有太关注对儿子阅读兴趣的培养，我们主要是从小教儿子阅读方法。儿子熟练掌握了阅读方法，能读进去了，随着阅读量的增加，慢慢地就对阅读有兴趣了。阅读兴趣其实就在阅读的内容里，就在阅读的过程中，就在阅读量的积累上。刻意培养阅读兴趣的做法其实很空泛。没有阅读量的积累，阅读兴趣难以维持。

　　我们教给儿子的阅读方法有很多。我们认为，看书是阅读，听家里人讲解也是阅读，听广播和 CD 讲故事、听评书同样是阅读，跟他人交流也是阅读。我自己有听评书的爱好，至今仍经常听评书。这也就是我所说的"用耳朵学习"。我觉得听书不费眼睛，而且可以边听边做别的事，两不耽误。这个爱好和习惯自然而然地被孩子模仿了。

　　我清楚地记得，儿子 5 岁那年，我在哈尔滨市道里区十二道街的一个小书店偶然发现了北京师范大学出版社的一套四大名著磁带故事版，如获至宝。一套 480 元，也可以拆开卖。可惜那时我的工资低，一下子拿不出 480 元，于是，我先买了孙敬修老爷爷讲的《西游记》，告诉店家其他的一定要给我留着，下个月发了工资后我会第一时间来买。回家后，儿子便如饥似渴地听起了《西游记》。看到儿子这般模样，我果断地向同事借了 360 元，第二天就去把剩余的都买回来了。《水浒传》和《红楼梦》都是曹灿先生讲的，《三国演义》是翟弦和先生讲的。从此，家里几乎天天听书，听完四大名著，又听各种故事、唐诗宋词。上学以后，儿子又迷上了听评书，例如《五鼠闹东京》《三侠五义》《七杰小五义》《杨家将》《隋唐演义》。除此之外，我也搞不清他还听过些什么，反正种类繁多。

　　我们也给儿子买过不少纸质图书，例如绘本、连环画等。我们是根据儿子的年龄和阅读理解能力来买书的，并且大多是让儿子自己挑书、选书。很多时候，一本连环画买回来不到两小时，他就看完了，看完了再买，周而复始。郑渊洁的书他也没少看。

有些书，我家里有很多版本，像《三国演义》，有图画本、拼音本、缩写本、评书、大厚本等。儿子在不同年龄段看不同的版本。而有些好书值得一辈子阅读，因为人在不同年龄段对同一本书的理解和感受是不一样的。

再给大家讲一件事。儿子一年级所在的学校没有开设英语课，他在二年级时转到一所新学校后，第一次英语考试才得了 26 分。回到家后，他很沮丧。我跟他打趣说："你比你爹强多了，你爹中考英语才考了 8 分。"

儿子哭丧着脸说："还说风凉话！你说咋办吧？"

我说："很简单！找方法，对症下药，迎头赶上。"拿过他的教材，我仔细研究了一番。教材很简单，内容只由几部分组成：字母、单词、简单的句子。只要做到会读、会写、能记住即可。先把 26 个字母记得滚瓜烂熟，这样才能非常熟练地默写、听写。我跟儿子说，英文字母跟拼音是对应的，只是读音不一样，会写拼音就会写英文字母。至于单词、句子，课堂上或者课后跟着老师读，记住即可。就这样坚持了一个多月，儿子在第二次考试时英语成绩就上来了，得了 69 分。这其实还是靠学习方法解决问题的。

儿子每门课的成绩并非班级里顶尖的，但总成绩每次都比较高。他的单科成绩几乎没拿过班级第一名，可他在小学、初中时的总成绩一直能保持在班级前 5 名，高中时的总成绩保持在年级前 50 名左右。

儿子的文体活动也开展得很好。他小时候天天跟我们院子里的一大群小孩踢足球，年龄稍大一些则开始打篮球、游泳等。初中时儿子当过班长、团支书、学生会副主席。在初中和高中，他都曾获得北京市"三好学生"称号。

当然，学习成绩肯定还与智商高低和用功程度有关。智商、用功和学习方法是"一体两翼"的关系，智商是"体"，用功和学习方法是"两翼"，三者缺一不可。我觉得，智商，即先天的因素占比更大。用功，关键在于孩子的内驱力，而不是被迫、不得不用功。增强孩子的学习内驱力，归结到具体的学习方法层面较好，孩子熟练掌握了学习方法，能学进去了，学的过程中有成就感了，内驱力自然而然就有了。

还有一点也给大家分享一下。要想提高孩子的学习成绩，必须排除干扰。最大的干扰就是孩子生气、不快乐。如果孩子总是不快乐，肯定没心思学，肯定学不进去。那么，孩子怎么样才能快乐？

我的体会是，要让孩子快乐，关键在于两点：家长与孩子不发生或者少发生矛盾，孩子想做的事大多都能做成。

从小培养孩子形成良好的习惯，是减少家长与孩子的矛盾的关键。家长与孩子有矛盾，多数是因为家长没有帮助孩子养成好习惯。另外，当孩子渴望做成的事情大多都能如愿以偿，例如熟练地玩某个玩具、成功参与某个项目，或者在学业上取得进步，将成绩提上去，那份源自内心的成就感和满足感会让他们绽放出灿烂的笑容。而要实现这些，关键在于家长要教会孩子各种各样的方法。

家长们越早教孩子学习方法越好。幼小衔接阶段或一、二年级是最佳时机。

当孩子在学习中需要某个学习方法时，如果家长在身边且懂得该学习方法时，家长应立刻教孩子。家长应根据孩子的需要去教相应的学习方法，而不是根据家长自己的想法选择性地去教孩子学习方法。

总结一下，儿子之所以能考上北京四中和清华大学，毫无疑问，智商和用功发挥了作用，但那是他自己的事，我们大人则将重点放在了教孩子熟练掌握和使用学习方法上。对于学习方法，我们一直为儿子从幼儿园示范、讲解到小学、初中、高中。而且，我们也始终让儿子保持快乐。

那么，究竟应该总结、归纳谁的学习方法呢？其实无须为此纠结，选择谁的学习方法都可以。本书的重点在于讲清楚如何运用学习方法帮助孩子提高成绩，而不是强调必须采用我的学习方法或者某个人的学习方法。全世界有无数人在研究、总结学习方法，每套学习方法都具有价值、特色，都有人应用。这就如同购买镰刀、斧头、剪刀等工具一样，只要工具能够解决自己的问题，自己觉得好用、顺手就可以。

1.2 乡下的侄子、侄女们是怎么考上大学的

1.2.1 侄子、侄女们的考学概况

我母亲生了 6 个孩子，全都是男孩，我是老大，我有 5 个弟弟。我们家只有我考出来了，我的 5 个弟弟全都是农民。老二、老四、老五、老六都只有小学文化水平，只有老三学历稍微高一点，但也只有初中文化水平。

我一共有 9 个侄子、侄女。本书写作时，最小的 14 岁，最大的 32 岁，其中 3 个硕士研究生毕业，2 个本科生毕业，2 个中专生毕业，1 个高中生在读，1 个初中生在读。读初中、高中的这两个孩子岁数小，成绩更好，考上大学应该不是难事。

父母文化程度很低，农村教学条件较差，但是孩子们大都学得挺好，这是怎么做到的呢？

先说说老三家。他家最突出，3 个孩子全都是硕士研究生学历。

老三家 3 个孩子，一对双胞胎闺女和 1 个男孩。2010 年，老三家的两个闺女双双考上了本科。2014 年，老三家的大闺女考上

了首都师范大学硕士研究生；二闺女被保送为武汉理工大学硕士研究生；小儿子考上了内蒙古农业大学本科，2019 年，他又考上了兰州交通大学硕士研究生。

老三和他妻子这两位只有初中文化水平的农民在孩子培养方面何以取得如此成就呢？我觉得秘诀如下。

老三和他妻子把全部心思都放在了这 3 个孩子身上。老三经常和我交流探讨培养孩子的话题。老三有很多小本子，上面记录着我跟他讲的关于教育孩子的各种各样的方法，他把这些方法都记录下来并理解透彻了，回家后又讲给他妻子听，他妻子也理解了、记住了，两个人就照葫芦画瓢地去做。老三和他妻子对于别人的好办法不抗拒、不抵触，首先接纳，然后尝试着去做，边做边调整。只要是对他家孩子有益的，他们两口子都愿意尝试，试着试着也就做到了、做好了、有效果了。

老三和他妻子主要是为孩子们做好后勤工作，也会做思想工作。他们十分注重培养孩子们的各种习惯，注重教孩子们学习方法；他们非常爱和孩子们聊天，与 3 个孩子之间的沟通十分顺畅和谐，感情非常融洽；他们对 3 个孩子非常理解、非常信任，对孩子们基本上是完全放手；他们从不辅导孩子学习，说实话，他们也辅导不了，遇到稍微难一点的问题时他们立刻利用"外脑"，请教别人，比如邻居、同学、老师……尤其是我，我简直就是老三和他妻子的"专职外脑"。

我写的《清华学爸教子经》草稿的第一读者就是老三和他妻子。那时候，我每写一小节就发给他们读，老三妻子一直在说，这些内容跟我平时给他们讲的一模一样。

恭喜老三！祝贺、祝福老三这一家子！祝愿孩子们个个都前程似锦！

老三家的大闺女现在在鄂尔多斯工作，是中学历史老师，已是两个孩子的妈妈了，大女婿曾是内蒙古大学的国防生，现在在部队工作。二闺女在兰州的一家国企工作，做财务主管，已经结婚生子，二女婿毕业于兰州理工大学，在兰州的一家央企工作。儿子在甘肃电网公司工作，儿子的妻子是西北师范大学硕士研究生，在甘肃联通工作。

瞧瞧！初中文化的农民也能培养出硕士研究生，初中文化的农民培养出来的孩子照样也能找到不错的工作，照样能把日子过得红红火火。

老二家有 1 个闺女，幼师专业毕业，擅长舞蹈。这个侄女已经是两个孩子的妈妈了。她在幼儿园教跳舞，还是《又见平遥》节目组的舞蹈演员，偶尔也做直播带货，日子过得红红火火。她妈妈一天学也没上过。老二以放羊为生，成天不在家。因此，这个丫头的学习没抓上来。好在有我的及时帮助，这个孩子最终成了幼师。

老四两口子都是小学文化水平的农民，大闺女是内蒙古农业大学的本科生，二闺女从 2023 年开始在城里读初一，学习成绩非常好。老四两口子的做法就是：为了孩子竭尽全力，把自己能做的全都做到极致。只有小学文化水平的老四竟然把我总结、归纳的学习方法研读了几十遍，又带着二闺女研读了几十遍。老四居然还是学校家委会成员，几乎每次开家长会都上台发言，在小侄女小学毕业典礼时，家长代表也是他。

老五两口子都是小学文化水平的农民，儿子读的是中专，闺女在 2023 年考上了天津科技大学本科。

老六是小学文化水平的农民，妻子是初中文化水平的农民，他儿子现就读于平遥二中，常在班级中名列第一，高一第一学期期末考试考了全年级第 30 名，高一第二学期期末考试考了全年级第 16 名，考上大学应该是没问题的。

我相信，我的 5 个弟弟、弟妹能做到的，大家也一定能做到；而且，我相信大家一定能比我的 5 个弟弟、弟妹做得更好。

培养孩子与家长的文化水平没有必然关系，关键是方法，是家长应该熟练掌握的培养孩子的方法。靠方法解决问题，靠人用方法解决问题，而不是靠人解决问题。按照我总结、归纳的学习方法去做，文化水平不高的家长也可能培养出本科生乃至研究生。

1.2.2 我在学习上是怎么帮助侄子、侄女们的

我的侄子、侄女们生活在农村，我生活在北京，在学习上我是怎么帮助他们的呢？

我父母，还有我，在家族里很有威信，弟弟、弟妹们及侄子、侄女们都尊重我们，我们的话他们比较重视。这样，我在推行方法时的阻力就比较小。

另外，我这个榜样的力量也是极其重要的。一方面，弟弟、弟妹们都实实在在地看到了我通过读书改变命运，在北京有像样的工作，生活发生了很大变化，他们也都是受益者，我几乎资助过他们每一个人。弟弟、弟妹们把希望都寄托在了下一代身上，希望自己的孩子能通过读书改变命运。另一方面，我父母成天向他们唠叨，你大哥小时候念书怎么怎么样，念书才能有前途。慢慢地，他们就听进去了。

每次回家，我都要给全家人示范、讲解学习方法。我主持的"家庭学习方法讲学堂"，全家人都要参加。关键是，每次我父母都参加，虽然两位老人都是文盲，但是，我讲的他们依然能听得懂。我用山西平遥话讲，通俗易懂，用行为示范。我父母都记得我当年是怎么学的。尤其是我母亲，别看她是文盲，我讲的学习方法她能记住大概的要领。等我走了之后，我母亲就会提醒孙子、孙女们用上我讲的学习方法。例如，先复习后写作业、解题

过程五步法则、背诵等。我母亲不知道具体细节，但是，这些术语全都能记得住，她随时都在提醒孙子、孙女们。

我就是这么帮助侄子、侄女们的，每次回去示范、讲解学习方法，让弟弟、弟妹、侄子、侄女们在脑海中形成框架，我母亲再督促他们用上这些学习方法。虽然这听起来有些不可思议，但是，确实是这样的。因为我每次回去都讲学习方法，重复的次数多了，大家自然而然也就记住了。我的学习方法几乎都是行为，侄子、侄女们只要听话照做，慢慢地也就会产生效果。侄子、侄女们在村子里读小学时，成绩都还可以，没有掉队。

后来，一个重大转折出现了。这可能是我帮他们的最大的忙了。

一次偶然的机会，老三了解到，有条件的家庭都把孩子送到县城就读。村子里的小学很多都要撤并。我跟父母和弟弟、弟妹们商量后，一下子把5个孩子全都送到城里读。我在经济上给了他们一些帮助。因为孩子们到城里读书后，就得在城里租房子，开销也大了。不过，为了孩子们的前途，为了家族的未来，这点付出是值得的。

实践证明，这是个重大转折。转学到城里的侄子、侄女们，一开始成绩中等，慢慢地成了优等。这次转学为孩子们后来的考学奠定了基础。后来，我母亲笑眯眯地跟邻居和亲戚说：人挪活，树挪死，这是一步好棋。其实，我自己人生的重大转折也是因为转学，详见本书 1.4 节。

后来，我母亲干脆也从村子里搬到县城租房子住了，房租则由我来解决。她先给老三家两个闺女做饭，后来给老四家的闺女做饭，再后来给其他家的孩子做饭，也捎带着管理他们的学习。

我的侄子、侄女们上初中、高中时都是我母亲陪着的，无一例外。我母亲是文盲，但是，她能管得住孙子、孙女们。我母亲就愿意听我的，在孩子们的学习上，只要是我说的方法，我母亲都照办，细节她不懂，但是，术语她能记得住，她会及时提醒孙子、孙女们。为了孙子、孙女们的前途，我母亲也甘愿付出努力。

下面总结一下我在学习上是怎么帮助侄子、侄女们的。

- 教会弟弟、弟妹们和侄子、侄女们学习方法，起码让他们形成"靠学习方法提高成绩"这个概念。

- 利用一切机会不断重复强化学习方法的具体操作，后来，我干脆把学习方法录成语音，让老家的大人和孩子们直接听，然后他们模仿着去做，后来的温爸音频就是在这个基础上发展而来的。

- 我母亲督促孩子们使用学习方法。关键时刻，我再助他们一臂之力，包括转学到城里、偏科纠正、高考填志愿、大学生活、考研、找工作，等等。

如果让我用一句话来总结乡下的侄子、侄女们是怎么考上大学的，我的答案是：全家所有大人齐上阵，教孩子们学习方法，督促孩子们使用学习方法，帮助孩子们熟练掌握学习方法，从孩子们的小学到高中，一直给他们示范、讲解学习方法。当然，孩子们的智商和用功肯定也起了很大作用。我觉得，通常情况下，让孩子熟练掌握了学习方法，就算是智商普通的孩子，只要适当用功，考上普通大学也没问题。

我究竟给孩子们示范、讲解了哪些学习方法呢？本书 1.1 节提到过，后面也会讲到，请耐心往下读。

1.3 我从 1984 年就开始传授学习方法了

1.3.1 我的辅导之旅始于 1984 年夏天

我帮助周围的家长和孩子，主要是向他们传授我的学习方法。我周围的许多人都因为我的学习方法而受益匪浅。这是我 40 年来始终坚守的一件事。往后，我定然还会一直坚持下去。

我于 1983 年考入大连理工大学。1984 年暑假，我回到了老家山西平遥乡下。竟有邻村的家长不辞辛劳，带着孩子翻山越岭来到我家，满怀期望地恳请我为他们的孩子辅导并指引方向。

在那个年代，在我那偏僻的家乡，能考上重点大学的人寥寥无几。多数人复读几年也只能考上中专或者技校，能考上大专的屈指可数。而我首次参加高考就考上了重点大学，在当地也算是小有名气。因此，1984 年，带着孩子前来我家取经的人着实不少。

依照父母的指示，我对他们都给予了相应的帮助。由于前来的学生的年龄、水平参差不齐，再加上我的时间有限，他们也无法长住下来，如此一来，我难以辅导具体的科目，于是选择了主要教大家学习方法。

针对农村孩子的实际情况，我主要教他们数学、物理、化学和英语的学习方法。为什么这么做？那时候的农村，英语老师水平普遍较低，而英语又是考高中、考大学的必考科目，因此英语普遍是农村孩子的"绊马索"。数理化是我的强项，我的方法简单实用，而且我的方法并不是题海战术。农村孩子的语文成绩一般不太差，语文老师也有的是，所以，他们的语文很少需要我辅导。至于历史、地理、政治、生物知识，好多人的观念是只要背熟就行，因此他们也不需要我辅导这些科目。对于辅导科目，我主要教授给大家的是各科的学习流程及其方法细节（详见本书3.1~3.3 节）。

来找我辅导的人，邻近村子的会频繁到访，较远村子的便抽时间在我们村的亲戚朋友家借住，以便来找我辅导。

这便算是我最初对家乡学子们所做的辅导了，从 1984 年到 2025 年，已有 40 多年。

其中有一个小伙只比我小 4 岁，他来的次数最多。那时候他刚上完初二，准备升入初三。他最大的难题在于从未学习过英语。因此，我为他辅导英语的时间自然就更多一些。

不知不觉，暑假便结束了，我也踏上了返回大连的火车。整个秋季学期，小伙多次给我写信，与我探讨英语学习方法，也交流其他科目的学习方法，还给我汇报他整体的学习成绩，处于稳步提升的状态，并且再三恳请我寒假一定要回去，请我继续辅导他。

寒假来到小伙家里，我清晰地记得，他的爷爷奶奶对我无比热情！他们拿家里最好的东西招待我。当天我们就开始了关于学习的研讨。后来，我们俩人骑自行车回到我姥姥家，小伙便跟我一起在我姥姥家住下了。我与姥姥、姥爷说话时，小伙就复习、写作业、背英语，其余时间，我们俩就钻研他的学习问题。我更多的是从学习方法的角度给他指导，而背知识点和做题则还是靠他自己。

此后，我又回到乱树岭[1]山上我父母那里住了几日，小伙也一直跟着我。为了提升学习成绩、获取有效的学习方法，这小伙很努力。直到除夕那天，他才下山回到自己家中。

正月初二到初四走完亲戚，小伙就把我请到他家住了几天。我们每天除了吃饭睡觉，就是研究他的学习问题。

当年中考，小伙英语考了 61 分，他也如愿考上了我的母校平遥中学。3 年后，小伙顺利考入山西大学；毕业后，进入山西大同的一家银行工作，娶妻生子，生活美满幸福，后来又被抽调至某银行北京总部工作了一段时间。如今，他已是某银行山西分行的行长。

我初中没学过英语，中考英语只考了 8 分。1981 年 9 月，

---

1 该地名已于 2022 年废止。

我开始从 26 个英语字母学起，1982 年 5 月就开始学高中英语第一册了。这两个日子我记得特别清楚。我实际上只用了 8 个月就把初中 6 册英语教材学完了。小伙的英语学习从初二结束的暑假由我教他 26 个字母开始，他只学了 1 年就参加中考，用 1 年学完了初中 6 册英语教材。他在英语学习上完全复制了我的学习模式，把"地毯式"英语学习流程落实到了极致。他所在的初中当年有 80 多名中考生，只有他一人英语及格了，其余的都只考了二三十分。

我跟小伙认识时，他初二，参加县里统考时的数理化的平均成绩是 60 多分。初三第一学期期末县里统考时，他的数理化的平均成绩就上升到 70 多分了。中考时，他的数理化平均成绩是 80 多分。

小伙的学习成绩究竟是不是靠学习方法提高的，我没办法给出明确的答案。也许是，也许不是。反正，小伙成绩提高的主要外因只有我一个，其他诸如学校、老师、政策等都没变。反正，我主要利用学习方法帮助小伙。他们家人对我特别好。我想，小伙究竟是靠什么提分的，他们全家人心里肯定有数。

自 1984 年暑假起，我一直致力于传授学生学习方法，同时也向家长传授学习方法。为何要教家长学习方法呢？因为家长掌握了学习方法后，在孩子面前就不会说外行话，家长与孩子能有共同语言，亲子关系就相对融洽，而且家长还能够督促孩子掌握和熟练运用学习方法。

1.3.2 考生来信：考前 100 天，数学提高 45 分

高三"一模"数学 57 分，高三"二模"数学 61 分，高三"三模"数学 79 分，高考数学 102 分。这样的提分速度有点不可思议吧？但这是我真实的经历。

升入高三，我发现自己的数学成绩一塌糊涂，"一模"时数学只得了 57 分。沮丧的我对高考彻底失望了。母亲周末来学校看我，听我一番诉苦后，给我推荐了温爸的教育方法，重点推荐了学习方法和考试技巧，特别是"解题过程五步法则"，即第一步审题、读题，第二步转移、转化，第三步在草稿纸上进行尝试，第四步在卷子上誊写答题过程及答案，第五步进行检查。我试着按照温老师的方法去做。刚开始有点不习惯，但我坚持一段时间后发现，"解题过程五步法则"，特别是第三步，真的能帮我找到解题思路，让我能将答案的关键步骤完整地写出来，检查题目的效率也提高了。而且，遇到不会做的题，我也会在草稿纸上尝试寻找解题思路。这样，有些题即便得不了满分，也能得几分，不至于像之前那样遇到不会的题就只知道放弃，一分不得。

按照温老师的"解题过程五步法则"去做，我渐渐找到了做数学题的感觉，成绩也开始一点点往上提了。我也逐渐对数学学

习有了点信心。

可是，在"三模"之后，我发现自己在数学考试中依然存在时间不够用的问题。我再次请教温老师。温老师耐心地给我讲解考试技巧和答题顺序。后来每一份试卷，我都按照温老师的方法去做，答题速度也渐渐提升了。

让我想不到的是，高考数学考试那天，我居然提前30分钟做完了试题。这样一来，我便有了充足的时间检查，并在交卷的前几分钟利用温老师的"揣摩出题人的意图"这一方法做出了唯一一道第一遍做题时空下的分值为5分的填空题，并且答案完全正确。更出乎意料的是，我的高考数学选择题准确率为100%，最终高考数学考了102分。

100天的时间，我的数学由57分到102分，提高了45分，这成功圆了我的大学梦。没有温老师的方法，我必然要走艰辛的"高四"之路。我要衷心地感谢温老师，感谢温老师耐心的辅导。

注：这个孩子的家长是小学老师，老师的孩子依然需要学习方法助力，甚至可以说，每个孩子都需要学习方法助力。

1.3.3 高学历家长的孩子也需要学习方法

我同学的女儿在广州参加高考，读的是文科。考前两个月，我把学习方法完整地提供给她，让她先阅读，然后远程给她讲解，与她交流，特别是讲解解题过程五步法则和考试技巧。这孩子很有想法，还跟我进行了深入的讨论。

出分后我同学特别兴奋，说这是他女儿高三以来考得最好的一次，上中山大学十拿九稳，专业随便挑；上中国人民大学也没问题。这孩子最终选择了浙江大学社会科学实验班。

我这位同学也拥有高学历，而高学历家长的孩子依然需要学习方法助力。

还有很多类似的案例，这里就不赘述了。从这些案例中不难看出：工欲善其事，必先利其器。掌握有效的学习方法才是提高学习成绩的关键！

1.4 我是怎么从小山村考上985院校研究生的

我的求学过程经历了好几个重大转折，学习方法在其中都起到了关键作用。

我出生在山西平遥乱树岭自然村。从我记事起，乱树岭自然村人口最多的时候只有31人。村子完全在山上，没有电，没有下山的大路，人们只能在羊肠小道上步行。村里大约有百十亩山地，还有一口泉水井。村里的人过着自给自足的生活，做饭不烧煤，只烧柴火，直到2006年，村里才通了电。

就在当时这样一个贫穷偏远的小山村里，居然还有一所小学。1971年冬天，我在乱树岭自然村上小学一年级，一位民办老师负责教3个村的学生，每个村的学生每周上两天课。5～6个学生，2～3张桌子，几个年级一起上课，组成了复式班。

二年级时，我转学到了姥姥所在村子的小学，学校相对正规，是全日制的。三年级快结束时，我又转学回到了自然村。这时，自然村的学校有了固定的民办老师，学生每周上6天学，每天从上午10点上到下午2点，共4小时。这么安排是因为山里人午饭吃得迟，我们小孩子早上要放羊，下午也要放羊。

四年级快结束时，姥姥搬到了山下的黄仓村，我也转学到了那里。我在黄仓村读完了四、五年级和初一。

我上小学时，一年级读了两次，四年级也读了两次。一年级重读可以理解，因为那时候一周只上两天学。那我为什么重读四年级呢？因为到了山下的大村子后，我发现自己基础太差，什么都不会。这留级的一年对我来说是非常重要的，在这一年里，我将欠缺的基础知识基本都补上了。升到五年级后，我的成绩在班级 20 多个孩子中能排到前 3。

初二开学没几天，为了养兔子卖钱，我就自作主张地辍学了。辍学 3 个月后，父亲知道了，但他没多说什么，只是明确表示：兔子可以养，但学也得上。于是我又回到了学校。再后来，有人建议父亲给我转学，说这样说不定我能有机会考上大学。于是，父亲想办法把我从村里的初中转到了乡办初中。乡办初中是全日制的，我因为住校，有大量的时间学习，不用挑水、打猪草、喂兔子，农忙时也不用请假回家帮忙，每天能学到晚上九点半，一周回一趟家。刚到乡办初中时，我的成绩处于 150 人中的中等水平；大约一个学期后，就跃居前 20 多名；到了初二结束时，能稳居前 3 名。中考时，我考了全校第一名，考入平遥中学的全地区重点班。高考时，我顺利考入大连理工大学。4 年后，我又顺利考入西安交通大学。

在重读小学四年级之前，我其实并没有真正用心读过书，每天都是稀里糊涂地混日子，但这并不能怪我，毕竟之前的学校太不正规了。从重读小学四年级开始，学校变得正规了，这对我来说是一个重大转折。我记得小学四年级和五年级时的语文老师是一位公办女老师（公办老师都接受过师范教育和专门的训练）。这位老师要求我们把每一篇课文都背下来，她教我们先大声读，然后多读几遍就能把课文背下来。后来，我用了这个方法几十年，还把它传授给了很多人。背下来其实是学习的关键，记不住，一切都是空谈，不管哪门课都是如此。只要涉及闭卷考试，记忆是关键。在考场上，我也可以根据自己的理解慢慢分析，但是往往没有那么多时间。每一门课程的知识都需要记忆。

第二个重大转折发生在我小学五年级时。比我高一级的裴同学在他奶奶家发现了一本旧算术书。这本书里有很多题，现在看来就是一些奥数题，有鸡兔同笼问题、植树问题等。只要有时间，我们就在他家琢磨这些题，也算是自学奥数题了。后来我们两个成了铁哥们儿，这一关系也一直维持到现在。

这本书里的"奥数题"，一方面让我们收心了；另一方面，为我们提供了数学方法和思维，让我们在数学学习上开窍了；而且，它还让我们认识到学习能带来成就感。那时候，我们偶尔会拿书里的一些题让大人们也算一算，村子里的许多大人（包括老师）基本都算不出来。

我一直认为，奥数不只是数学，它的作用不单单体现在数学方面，更多的是能够培养孩子们掌握数学方法和思维，让孩子们开窍。至少对我、我的儿子、我的侄子、我的侄女来说是这样的。奥数是非常有用的，但是如果把奥数当作竞赛工具，很可能就会让它失去它本来的意义。

第三个重大转折发生在我转到乡办初中之后。这所乡办初中非常正规，教学也很规范，老师们也非常用心。

那时候的民办老师在知识层面和学习资料占有方面，可能存在不足，但是他们在学习方法上所下的功夫、所动的脑筋一点也不少。几乎每一位老师都会反复强调学习方法的重要性，和学生们一起尝试各种各样的学习方法。说实话，我掌握的许多学习方法就来自这些民办老师。

那时候没有辅导班，在农村也买不到教辅资料，想找题来做是非常困难的。我们那一届的学生被省重点高中录取了 4 个（其中重点班录取了 2 个），中专录取了 5 ~ 6 个，普通高中录取了 30 ~ 40 个。这实属奇迹！这不禁令人想要分析背后的原因，结论是老师们在学习方法传授方面下足了功夫。

进入初三后，我彻底成为注重方法论的学生。无论哪门课，无论学什么，我首先会研究学习方法和做题方法。注重方法论的做法被我一直保持到了今天，并融入工作、学习和生活中。

第四个重大转折发生在我高中学英语时。再简单交代一下，我初中没学过英语，中考只考了 8 分，这 8 分其实也是蒙出来的。那时的高中为两年制，学习时长一共 22 个月。我从高一开始学 26 个英语字母，用 8 个月学完初中 6 册英语教材，再用 10 个月学完高中 2 册英语教材，然后用 4 个月进行总复习。最终，我的高考英语成绩为 74 分。这应该算是个奇迹了。当时有不少人，初中、高中加起来学了 6 年英语，高考英语成绩也就 50 多分。在我的英语学习过程中，起关键作用的就是"地毯式"英语学习流程。

在我的求学经历中，我认为是学习方法让我在学习上开了窍，它们起到了关键作用。我能够走出大山，不仅依靠政策、努力和智商，更依靠学习方法。

究竟是哪些学习方法在我的求学经历中起到了重要作用呢？本书都会讲到，请耐心往下读。

上大学后的 40 多年来，我一直在用学习方法为家乡做贡献，从 1984 年开始，不遗余力地向家长和孩子传授学习方法。因为我深知，对于农村孩子和普通家庭来说，他们最需要的、最容易做到的、成本代价最小的就是掌握学习方法。

我儿子考上清华，我的侄子、侄女们考上本科、研究生，我辅导的那些孩子提高了学习成绩，我自己从小山村考入 985 院校并攻读研究生，这些离不开智商，离不开努力，更离不开学习方法的助力。智商和努力仅仅是必要条件，加上学习方法才是充分必要条件。

第 2 章

提高学习成绩
的基本学习方法

2.1　靠什么提高学习成绩

2.1.1　靠学习方法提高学习成绩

关于辅导孩子学习，我的理念是"兵来将挡，水来土掩"。在学习过程中，只要遇到了问题，就要找到相应的工具（学习方法）来解决问题。

需要**写字**时，有握笔姿势和写字流程；

需要**做题**时，有"解题过程五步法则"；

需要**提高效率**时，有"时间分配计划"；

需要**预习**时，有预习方法；

需要**提高听课效率**时，在家模拟课堂情境教孩子听课方法；

需要**做课堂笔记**时，有记笔记的方法；

需要**学好语文**时，有语文学习流程；

需要**学好数理化**时，有数理化学习流程；

需要**应对考试**时，有考试技巧；

需要**阅读**时，有泛读、精读方法；

需要**在阅读理解中获得高分**时，有"阅读理解三筛法"；

············

　　一把钥匙开一把锁。遇到任何问题，都要尽可能找到相应的方法去解决。对于家长和孩子而言，关键是要找那把"钥匙"。

2.1.2　为什么单独强调学习方法的重要性

　　孩子的学习成效主要受 3 个关键内在要素影响。

- 智商。
- 用功。
- 学习方法。

　　学校、老师、知识点、政策和试题难度等属于外在要素。外在要素不可控，只能想办法控制内在要素。内在要素中，智商是基础，用功和学习方法是两个"抓手"。

　　家长们交流时经常提到的关键词包括聪明、脑子好使、笨、不努力、不用功等，很少有人提到学习方法，这就充分说明了家长们普遍重视的方向有偏差。其实，对于智商与用功，就算我在这里不强调，家长也会重视。

　　我之所以强调学习方法的重要性，并不是要否定智商与用功的重要性。我觉得，对于智商而言，先天的因素占比更大，后天虽然也可以提高，但需要采取一些有效的方法，这最终还是归结到学习方法层面了。

家长普遍没有受过专门的家庭教育训练，这种情况下，我建议家长教育孩子时尽可能遵循先易后难原则。而教孩子学习方法，相对比较容易些。

我建议家长先教会孩子学习方法，再去考虑培养孩子的积极性、主动性、内驱力、自觉性。

2.1.3 用强化训练提高 70 分

那年春节我回到老家，和正在复读高三的侄女（我四弟的大女儿）聊起学习，没说几句，孩子就眼泪哗哗地流。我感觉孩子压力特别大，也特别委屈。她在学习上没少下功夫，可成绩就是提不上去，尤其是数学和理综。我母亲也跟着孙女一块儿掉眼泪。

春节期间，我在家待了一周，详详细细地把高中阶段的学习方法给侄女讲了一遍，然后集中精力对她进行强化训练，让她每做一道题都尽可能运用解题过程五步法则（详见本书 3.5 节），每做一套卷子都要运用考试技巧（详见本书第 4 章）。这样每天训练 2 ~ 3 小时，大约训练了一周。

春节后大约一个月，侄女给我发来微信消息，大致意思是，我讲的方法她都熟练掌握并且用上了，这一次模拟考试，她的数学成绩提高了 30 分，理综成绩提高了 40 分，总成绩提高了 70 分。后来的多次模拟考试中，侄女的成绩都很稳定，当年高考后她顺利被内蒙古农业大学录取。

我辅导侄女时并没有研究她的课本和教辅资料，没有关注她的智商和努力程度，没有关注她的积极性、主动性、自觉性，仅仅是利用学习方法对她进行了大约一周的强化训练。后来，她经过一个多月的反复训练，提高了成绩，最终实现了高考目标。

因此，我建议家长尽可能把注意力放在教孩子学习方法上，尤其是文化程度不高的家长。

我四弟两口子虽然只有小学文化水平，但是非常注重学习方法。说实在的，他们也只能注重学习方法。在抓知识点和做题方面，他们丝毫使不上劲。想激活孩子的学习能力，他们不知道该怎么做；想让孩子更加努力，他们往往会跟孩子产生冲突。注重学习方法，不是他们自觉自愿的选择，而是他们不得不做的选择。但是，他们对学习方法的理解也有限，尤其是在孩子高中阶段。不过，我很快就帮他们扫平了障碍。

实践证明，靠学习方法提高学习成绩相对容易些。靠提高孩子的努力程度也可以提高其学习成绩，但是这实践起来比较困难。因此我建议大家，遇事还是尽可能先易后难地做。

那么，都有哪些学习方法呢？下一节将给大家介绍"每个学生应熟练掌握的基本学习方法"。

2.2 每个学生应熟练掌握的基本学习方法

靠学习方法来提高学习成绩是相对容易的。那么，都有哪些学习方法呢？学习方法都是有心人在实践基础上总结、归纳出来的。不同的人总结、归纳出来的学习方法名称不一样，具体操作也不一样。孩子在不同的年龄段用到的学习方法有差异，各科目的具体学习方法也肯定有差别。

以小学一、二年级的孩子为例，家长需要教会孩子哪些学习方法呢？

小学一、二年级的主要课程为语文、数学、英语，个别地区的学校到三年级才会开设英语课程。小学一、二年级每门课程都可以用到的学习方法包括：预习、听课、先复习后写作业、解题过程五步法则、写随笔、专注力训练、写字、时间分配计划等。

- **语文课涉及的独特学习方法包括：**背诵、朗读、阅读、用耳朵学习等。

- **英语课涉及的独特学习方法包括：**背单词、朗读课文等。

- **数学课涉及的独特学习方法包括：**保证计算结果准确的

方法等。

小学一、二年级的孩子需要掌握的学习方法主要包括下面 12 个：预习、听课、先复习后写作业、解题过程五步法则、写随笔、专注力训练、写字、时间分配计划、背诵、朗读、用耳朵学习、保证计算结果准确的方法。建议家长尽可能从幼小衔接阶段开始，就反复教孩子这 12 种学习方法，而其他的学习方法的教授可以缓一缓。

到了小学三年级，孩子需要掌握的学习方法只需要在这 12 种方法的基础上增加 8 种，这 8 种学习方法分别是阅读理解、课堂笔记、课后整理和完善笔记、语数英学习流程、作文五步法则、考试技巧、错题本、动脑筋思考。

建议家长把教孩子学习方法的任务融入日常教育，按年级推进，化整为零，循序渐进地增加学习内容；然后长年累月地反复教孩子，让孩子熟练掌握每一个学习方法，并在日常学习中自觉应用。

孩子到了初中，需要掌握的学习方法也只需要在小学掌握的学习方法的基础上适当增加，例如各科学习流程。

家长应根据孩子的需要去教授相应的学习方法，慢慢增加所教授学习方法的数量，慢慢提升强度，而不是根据家长自己的想法选择性地去教孩子学习方法，也没有必要一下子教孩子很多学习方法，循序渐进即可。

2.3　怎么教孩子学习方法

2.3.1　给孩子示范

在助力孩子学习的过程中，建议家长秉持如下理念。

孩子，你来，我给你示范，你来模仿我，跟着我做。

如我把看书的行为示范给你看，你来模仿我，跟着我做。

我把写计划的行为过程示范给你看，你来模仿我的行为动作，跟着学我的行为动作。

我把怎么使用草稿纸示范给你看，你来模仿我的行为动作，跟着学我的行为动作，等等。

以上就是家长教孩子学习方法时最简单、最直接、最有效的方法：给孩子做示范，让孩子模仿。在这个过程中，嘴仅仅用来解释动作要领。在教育孩子的过程中，如果家长能管住自己的嘴，让自己的嘴少参与，不给孩子讲大道理，那么家长就在教育孩子的路上领先一大半了。

2.3.2 以教孩子记忆为例

下面以教孩子记忆为例，介绍如何示范。

我的记忆方法叫作"用行为器官记忆"，也就是用嘴、用耳朵、用手记忆。

用嘴记忆，就是反复朗读；用耳朵记忆就是反复听；用手记忆就是边读边写、边听边写。朗读有两个作用：一是读得多了，脑子就慢慢地记住了；二是自己读给自己听，能够提升听力理解能力。

家长教孩子记忆方法时，可以随便拿一篇课文或者几个英文单词当着孩子的面反复朗读，边读边写。在这个过程中，根本不需要考虑能不能背下来。重复了一定次数，自然就能背下来了。

这个过程就是给孩子示范应用学习方法的具体操作，只需要孩子模仿家长即可。在这个过程中，家长不要说教半句。

2.3.3 为什么要给孩子示范

有一次，我带着两岁的儿子在公园里走，我在前，他在后，我把手背在身后，儿子立刻也把他的手背在身后。我没有跟他说过一个字，他直接就这么做了。有人说，模仿是孩子的一种天性。

倘若只是向孩子灌输一些观点、道理，孩子还需要自己去领会，而且有时可能会领会不到位，甚至完全听不懂。因此，家长说 100 次不如示范 1 次有效。

家长在教孩子的过程中，尽可能亲自给孩子示范，让孩子模仿自己。

我总结、归纳的学习方法基本上都是行为，需要去实际操作，而不是仅靠脑子空想和嘴上说说。比如记忆、用嘴读、用耳朵听、用手比画，这些都属于行为。再如，解题过程五步法则中的后四步也是行为，都需要去实际操作，而不是仅仅用脑子空想、用眼睛空看。

观点、道理都是抽象的，而行为都是具象的。演员表演时会用四肢做动作，面部会有各种表情，会说台词。我总结、归纳的每个学习方法，都要求家长给孩子示范，实际上就是用行为"表演"给孩子看。这就是将抽象转化为具象，也就是让学习方法变得生动形象、可视化、立体化，从而让孩子能够更高效地掌握。

2.3.4 不会示范怎么办

可能有些家长会问："我不会示范该怎么办？"

一套系统的学习方法，其中一个显著特点便是具有完整的操作步骤。倘若你获得的学习方法没有操作步骤，仅有观点、道理等，那最好将其舍弃。在教育孩子的过程中，家长需要的是具备操作步骤的学习方法。

家长在获得一套好的学习方法后，只需按照其操作步骤执行。家长自己熟练掌握后，再当着孩子的面按照操作步骤一步步去做，这便是在给孩子示范。

实际上，大多数人并非不会给孩子示范，也并非自己还不知道该方法，而是自身掌握得不够熟练，对自己缺乏信心，担心在过程中出错，或者嫌麻烦，缺乏耐心。不够熟练的问题很好解决，多练习即可。至于缺乏耐心和怕麻烦，建议家长靠制订计划调整自己，尝试在某一个时间段只做某一件事。

2.4　怎么才能熟练掌握学习方法

2.4.1　熟练掌握学习方法的要求及障碍

不论跟着谁掌握学习方法，也不论是通过音频、视频课程还是纸质书籍获取学习方法，强烈建议用行为反复练习。对于音频、视频课程，至少要听 / 看 5 ~ 10 遍，且要做好笔记。对于纸质书籍，至少要阅读 3 ~ 5 遍，甚至 8 ~ 10 遍，同样要做好笔记。

家长和孩子在掌握学习方法的时候，要做到以下 3 点。

- 要确保听懂了，完全听明白对方在讲什么。把赞同与否先放一边，关键是先要搞懂。

- 要记住。把赞同与否先放一边，不赞同也没关系，关键是要先记住；就算不赞同，就算想要反驳对方，你也得先把对方讲的记住，能自己说出来。

- 对于自己没有实践过的学习方法，不要急于反驳，因为没有实践基础的反驳，几乎都是空谈。所以，不赞同没关系，先尝试一下，用尝试过程中获得的经验、数据去反驳对方。

对于一些学习方法，有些家长和孩子本来一开始很抵触，总想反驳，在做到以上 3 点之后，特别是在实践之后，就不再打算反驳了。习惯性反驳的人多数没有经过实践。

在掌握学习方法的过程中，最大的障碍其实就是缺乏实践。不尝试就直接否定，这会让你错失很多机会。

2.4.2　熟练掌握学习方法的标志

所谓熟练掌握学习方法，是指熟练操作学习方法，即家长能够非常熟练地给孩子示范，而不是仅用嘴下命令、提要求或空谈大道理，讲解学习方法的意义、价值与好处；孩子能够非常熟练地使用学习方法。

2.4.3　家长不熟练的，请不要教孩子

家长如果对学习方法不熟练，尽可能不要去教孩子，更不要对孩子发号施令。试想一下，如果孩子问家长："你自己都不熟练，凭什么要求我？请给我示范一下吧。"家长该如何是好？在教孩子学习方法的过程中，家长只有自己非常熟练，才有可能教会孩子。如果家长自己都不熟练，一问三不知，孩子怎么可能佩

服家长、信任家长？怎么可能配合家长？话又说回来，如果家长非常熟练，即便某个问题回答不上来，我相信家长也有应对措施，孩子也不会对家长产生信任危机。

家长教不会孩子，原因很可能是家长不熟练。

对于家长教孩子的每一个学习方法，家长要求孩子掌握的每一项内容，家长应该比孩子熟练百倍，这样才能顺利地教会孩子。

读到这里，可能有些家长会习惯性地反驳：难道为了让孩子做高中物理题，家长也要自学高中物理吗？我的回答是：在助力孩子学习的过程中，家长的中心任务是教孩子学习方法，这里并不要求家长必须教孩子知识点和做题，因此这个问题的答案是否定的。教孩子学习方法，大部分家长都能做到，仅有初中文化水平和小学文化水平的我的弟弟和弟妹们都能做到，我相信很多家长也能做到。

有的家长，不管教给他什么，他都很难学会。仔细询问后就会发现，他其实不是学不会，而是一直在抗拒，一直在纠结"为什么要学这些没用的东西"。而他所谓的有用，就是要能立即见到效果。

但很多东西，在你刚开始学习的时候，或许对你没用，比如，我以前在图板上用铅笔画设计图，后来才用 CAD 画图。我刚开始学习 CAD 时，不熟练，画得特别慢，效率远不如用图板

画。过了一段时间，慢慢熟练之后，我才发现 CAD 比图板好用
多了。

学习新东西，尤其是学方法和技能，只有熟练掌握了，它才
可能对你有用。欲速则不达。很多人就是总想着立竿见影，到最
后什么都没学成，其实他们一直就没有真正开始学习。一些学习
必须用手，而有的人确实学了，但是他的手没有参与，他仅仅用
脑子和嘴巴学习，在这种情况下，其实他也没有真正开始学习，
仅仅过了过"脑瘾"和"嘴瘾"。因此，何谈熟练？又何来学
会？何来效果？

2.4.4　家长掌握学习方法的窍门

家长掌握学习方法，很多只要全盘接受并依样照做，便能快
速实现。或许有人会立刻质疑：不动脑还能快速掌握？是的。因
为学习方法基本都是行为，不是观点、道理，它和大脑没有太直
接的关系，家长无须动脑。学习行为，模仿就行；而学习观点、
道理等，才需要动脑。

学东西，首先要判断清楚学的内容是什么。如果是学观点、
道理等，那就尽可能多动脑；如果是学行为，那就尽可能少动
脑，多模仿。

2.5　怎么增强孩子的内驱力

2.5.1　内驱力常与特定的活动相结合

内驱力会促使人们积极主动地行动。比如，为满足强烈的好奇心而自发学习新知识，为追求热爱的事业而全力以赴，为实现内心梦想而不懈努力，等等。内驱力能激发人的积极性、主动性与自觉性，是推动个人持续进步和发展的关键动力。以下是一些体现内驱力作用的例子。

一个学生为考上理想的大学，无须他人督促，自己每日勤奋学习，并主动找寻各种学习方法和学习资料来提升自我，这种对梦想的追求就是内驱力；一名创业者怀揣打造伟大企业的梦想，不惧困难与挫折，不断探寻创新商业模式并积极拓展市场，这种对成功的渴望即内驱力；一名画家对艺术有强烈的热爱和追求，即便生活艰苦仍坚持创作，不断探索新的表现形式和风格，这种对艺术的执着就是内驱力；一名运动员为在比赛中取得优异成绩，自觉进行高强度训练，克服伤痛和疲惫，这种对优异成绩的向往就是内驱力；一名科研人员为解决某个科学难题，废寝忘食地查阅资料、做试验，这种对科学研究的痴迷就是内驱力；一名作家不顾外界干扰，每天坚持写作，期望写出震撼人心的作品，这种对文学创作的热情就是内驱力。

内驱力这一概念常与特定活动相结合，如学习内驱力、写作业内驱力、写作文内驱力、唱歌/跳舞/玩游戏内驱力、劳动内驱力、体育运动内驱力、表演内驱力等，因此不能笼统地说某人没有内驱力。

内驱力不等于学习内驱力，孩子学习内驱力不足不代表他在其他方面没有内驱力，所以家长提及内驱力时一定要明确是哪一种内驱力，培养内驱力时一定要明确是培养哪一种内驱力。内驱力前面的定语一定要明晰，家长不能笼统地说培养内驱力。

内驱力受先天因素影响，但更多是后天培养的成果。家长应尽早发现孩子天生拥有的内驱力，适当助力其放大，尽可能使其成为孩子的特长。培养孩子的内驱力也是家长的重要任务。

内驱力并非源于外界的要求、压力、诱惑或奖励，而是源于我们的内心深处，如同被深埋的种子，一旦遇到合适的时机，便会破土而出。真正的内驱力源自对某一事物的热爱与执着，是内心对于成长、进步和实现自我价值的渴望。当被内驱力驱动时，我们不再因为外在因素而行动，而是会自觉自愿投入时间和精力去追求心中的目标。

外部因素或许能在短期内促使我们行动，但这种动力往往不稳定，一旦这些因素消失，我们的行动可能会随之停滞。而强大的内驱力如同永不枯竭的泉水，能持续为我们提供动力，让我们在面对困难和挫折时仍能坚定向前。

2.5.2 如何培养孩子的内驱力

我培养孩子内驱力的方式如下。先明确要培养哪种内驱力，比如学习内驱力、洗碗内驱力、运动内驱力。在着手培养孩子的某一特定内驱力时，先保证孩子熟练掌握了做这件事的方法和操作步骤。孩子熟练掌握了方法，会干这件事了，越干越好，就会产生兴趣和成就感，内驱力自然便会出现，然后不断重复训练，内驱力便会越来越强。

如此看来，培养某一特定内驱力，关键还是教孩子方法：若想培养孩子的学习内驱力，就先教孩子学习方法；若想培养孩子的运动内驱力，就先教孩子运动方法；若想培养孩子的舞蹈内驱力，就先教孩子舞蹈方法。

例如，培养孩子学习内驱力的过程是这样的。

家长为孩子示范学习方法→孩子模仿→家长反复示范→孩子反复模仿→孩子熟练掌握学习方法→孩子用学习方法去解决问题，学习成绩提升，得到老师表扬、同学羡慕，获得成就感→孩子的学习内驱力产生→孩子越来越愿意学习知识，越来越愿意写作业、钻研学习方法→形成良性循环。

对于我的儿子、侄子、侄女、邻居的孩子，我都是用这套方法帮他们培养内驱力的。实践证明，这套方法的可操作性较强，普通家长能很快掌握。

第3章

提高成绩的手段：
学习流程

3.1 学习流程

提高学习成绩的手段有很多，我认为，家长和孩子最容易掌握的是学习方法。我总结、归纳的学习方法涵盖 4 个要素：学习流程、学习习惯、针对知识点的方法及考试技巧，其中本章重点讲解学习流程。

3.1.1 学习流程的概念

流程可以理解为，在日常生活或工业生产当中，将原材料转化为成品的一整套步骤。

流程如同一条自动化的生产线，上面存在非常多的环节。以火力发电厂为例，从煤到电的流程非常复杂，主要包括以下环节：煤炭运输与储存；用磨煤机将煤炭制成煤屑；煤屑等在锅炉内燃烧来加热水，生成高温高压蒸汽，煤的化学能转化为蒸汽热能；蒸汽推动汽轮机旋转做功，蒸汽热能转化为机械能，汽轮机带动与之连接的发电机一同旋转；发电机发电，将旋转机械能转化为电能；电能经过升压处理，通过输电线路输送到电网中，再送往千家万户；从汽轮机排出的蒸汽进入凝汽器，被冷却介质凝结成水；凝结水经过水泵升压后，被送回锅炉重新加热。这就形成一个封闭的循环。

每一个中间环节都围绕着一种核心设备，如磨煤机、锅炉、汽轮机、发电机、凝汽器、水泵等，这其实就是一个个中间处理工具（或者方法）。成百上千种中间处理工具组成了一套流程，实现了从原料到成品的转化。

孩子的学习是不是也能够采用这样的流程呢？答案是肯定的。

下面请大家看看各科的基本学习环节：**预习、听课、记课堂笔记、课后钻研教材、自我总结与归纳提炼、完善笔记、写作业、适当进行课外学习**。这里的每一个环节都是一种中间处理工具，然后，将它们按照一定顺序连接起来，便形成了学习流程。

其实，孩子对每门课的学习就是在一步一步地走流程，通过走流程实现了知识点和试题的融会贯通。孩子下功夫，其实是把功夫下到学习流程的每个环节中去，下功夫是个非常具体的行为，并不空洞。

从整个学习流程来看，我们很容易发现家长在指导孩子学习的过程中需要做些什么；需要抓住哪些环节；这些环节的顺序如何；实际操作过程中哪些环节被遗漏了，哪些环节是多余的。同时也能发现，写作业仅仅只是学习流程中的一个环节，如果家长将其视为孩子学习的全部或重心，将产生方向性的错误。

如果火力发电厂生产流程中的任何一个中间处理工具出了故障，那么，整条生产线就得停，电就发不出来。同样，如果孩子学习流程中的某些环节出现问题，孩子就会学不深、学不透，无法做到融会贯通，写作业就很慢，基础也不扎实，成绩自然就难以提上去。

不仅如此，学习流程中各个环节的顺序不对，孩子照样学不好。比如，不复习就直接写作业，导致边写作业边翻书，作业写得很艰难，知识点也没掌握。

由此可见，孩子的学习跟工业生产有些类似，是依靠学习流程这条"生产线"来实现的，也是靠它来提高效率和质量的。

3.1.2 学习流程的概念源自产品质量管理流程

在我的所有学习方法里，学习流程是最重要的！这就如同产品质量必须通过产品质量管理流程来把控，别无他法。因为我自己长期从事质量管理体系工作，我把"靠质量管理体系控制质量"的有效方法体现在了学习流程中。

产品质量管理流程的核心思想是：把质量目标分解成一个个"子流程目标"，靠文件管理体系将它们串联起来，确保流程得以落实，并留下真实、可追溯的记录。学习也是如此：把每门课总的学习目标分解成一个个"子目标"，将它们按一定顺序串联起来，确保流程得以落实，形成闭环，并留下真实、可追溯的记录。

产品质量至关重要，孩子的学习质量同样不容忽视。孩子学不好，可能是某个流程出了问题。借助质量管理体系，即可找到问题，并解决它。

建议家长深刻地认识到，学习流程深刻影响着孩子对知识点的吸收、掌握和应用。

学习流程这条"生产线"上存在着一个又一个的中间环节，而这些环节便是学习习惯、针对知识点的方法及考试技巧。家长和孩子不仅要掌握学习习惯、针对知识点的方法和考试技巧，更要把它们串联起来形成学习流程，融入每天的学习过程中，也就是说，孩子每天的学习就是在走流程。

3.1.3　所有课程的基本学习流程

所有课程的基本学习流程如下。

（1）预习。

（2）听课。

（3）记课堂笔记。

（4）课后研读教材。

（5）自我总结与归纳提炼。

（6）完善笔记。

（7）写作业。

（8）适当进行课外学习。

若是少了其中某个环节，孩子的学习通常会出现问题；而某些环节的顺序颠倒了，孩子的学习同样会出现问题。

建议家长据此检查孩子的学习流程是否准确。

家长要助力孩子某一门课程的学习，本质上要做好 3 项工作。

- 教会孩子学习方法，这是**"点"**。

- 教会孩子这门课程的学习流程，这是**"线"**。

- 让孩子非常熟练地运用每门课程的学习流程和学习方法，有效应对和解决学习过程中的问题，这是**"面"**。

只有做到"点、线、面"三位一体，才能确保孩子学深学透、取得高分。

3.1.4　其他学习流程

家长可为教孩子做的每一件事都设计一套操作流程，因为教孩子具体的操作流程比较容易，就好像带孩子参与一个活动或者游戏。我教孩子的学习流程中，除了包含各科的基本学习流程，还有一些局部学习流程，具体如下。

（1）看书流程。

（2）听课流程。

（3）课后复习当天内容的流程。

（4）写作业流程。

（5）写作文流程。

（6）辅导孩子做题的流程。

（7）确定考试答题顺序的流程。

（8）考试攻克难题的流程。

（9）考前复习的流程。

（10）考后处理错题的流程。

（11）考后分析试卷的流程。

例如看书流程如下。

（1）选一本书，拿出笔记本、笔、字典。

（2）坐到书桌前，打开灯，开始看书。事先可以预备一杯水。

（3）边看书边做笔记（当然，对于不会写字的孩子，做笔记的步骤就可以省略了）。

（4）对于书中精彩的内容，尽可能多看几遍，有时甚至要背下来。

（5）遇到不认识的字时，查字典。

（6）遇到不理解的内容，要跟家长交流讨论。如果家长也不明白，还可以通过网络检索相关解释，或者打电话请教其他人。

这就是一个基本的看书流程。每一步都是具体的行为，不是单纯的说教，是可以给孩子示范的。

为什么要让孩子坐在书桌前看书呢？因为使用书桌看书并加上正确的坐姿，能够预防近视。为什么要做笔记？因为不做笔记，难以将书中的内容理解透彻。为什么要查字典？因为遇到不认识的字，不查字典，就只能囫囵吞枣，也不可能将书中内容理解透彻。

再如，辅导孩子做题的流程如下。

（1）家长先拿出草稿纸和笔。

（2）家长阅读题目。

（3）家长把这道题的解题步骤写出来并讲题。为了熟练讲题，家长应尽可能提前练习，不能现编现讲。这是给孩子讲题的重中之重。

（4）运用解题过程五步法则：审题时注意细节，往草稿纸上搬运运算条件，在草稿纸上尝试寻找解题思路，往卷子上誊写答题过程及答案，检查。

家长辅导孩子做题时需要注意以下内容。

（1）解题过程五步法则中的五步缺一不可，而且家长应尽可能自己思考清楚每一步具体怎么操作。家长给孩子讲题，考验的是家长，请务必注意这一点。

（2）对于需要给孩子强调的内容，家长要提前总结、归纳出来，要能非常熟练地讲出来。

（3）对于做某道题要用到的知识点，家长要思考清楚，确保所用到的知识点都是孩子学过的，最好是孩子已经熟练掌握了的。比如，孩子没有学过方程，家长在给孩子讲数学题时就不能用方程解法。

（4）在讲题过程中，无论孩子提出什么问题，家长都要心平气和、认真仔细地回答，不能不回答，发脾气更不行。

这就是一个基本的辅导孩子做题的流程。

家长们可以在前面两个例子的基础上拓展思维，尽可能把自己要求孩子熟练掌握的行为都设计成一套操作流程，而且尽可能使其文字化，甚至拍成视频使其可视化，确保孩子可以直接操作。

或许有的家长会觉得这么做太麻烦了，但你还有比这更好、更容易教会孩子做事的方法吗？请牢记，你是在教孩子，不是自己在做事，孩子怎么学得快，你就要怎么做。我认为，为了让孩子顺利地熟练掌握做某些事的基本方法，再麻烦也值得。

3.2 语文、英语学习流程

3.2.1 语文学习流程

语文学习可分为两个部分，一是课堂部分，二是课后部分。这两部分都至关重要，都需要"走流程"。

所谓"走流程"，就是把一个个学习方法按照一定顺序串联成学习流程，再用学习流程去学习具体课程。一个个学习方法固然有一定作用，但如果未能串联成学习流程，其效果就会大打折扣。许多人虽教了孩子一个个学习方法，却未能将它们有机整合串联起来，这便是问题所在。孩子能不能完全学透、融会贯通，差距往往就体现在学习流程上。孩子学透了才能得高分，才能取得好成绩。当然，如果孩子连单个的学习方法都没掌握，那学习效果就会更差。

课堂部分主要涉及听课、记笔记、回答老师提问以及记录作业等内容。在课堂上，真正起作用的是听课流程：孩子边听课边看老师和黑板，还要做笔记、回答老师提问、排除其他同学的干扰。家长应提前教孩子熟练掌握整个听课流程，然后让孩子去课堂上实操。家长要每日询问孩子的听课情况，包括听课效果以及存在的问题。如果有问题，要及时整改，也就是家长要再次教孩子听课流程，不要等到老师找家长了再去纠正这些问题，那时孩子很可能已经养成不好的习惯了。

课后部分涉及课后复习，如钻研教材、整理笔记、自主学习、总结归纳并提炼、自行绘制思维导图、相关内容背诵，以及按照解题过程五步法则写作业、思考、拓展以及预习等。

语文课后部分的学习流程如下。

（1）拼生字的拼音。

（2）读生字。

（3）写生字。

（4）记住生字的笔画顺序。

（5）听写生字。

（6）用生字组词。

（7）用生字造句。

（8）理解课文。

（9）反复朗读课文。

（10）背诵课文。

（11）完成老师布置的书面作业。

（12）练字，并非书法练习，而是常规的写字练习。

（13）进行简单的语文预习。

（14）每天写一两篇随笔。

（15）其他语文拓展。

其中（1）～（7）围绕字、词、句，（8）～（10）围绕课文，（11）围绕书面作业，（12）围绕写字练字，（13）围绕为第二天上课做准备，（14）围绕作文基础，（15）围绕其他语文拓展。

孩子放学回家的任务可分为刚性任务和弹性任务。学校老师布置的任务为刚性任务，家长额外给孩子布置的任务为弹性任务。只有在孩子保质保量完成刚性任务后，家长才可考虑布置弹性任务，比如做教辅材料上的语文卷子、弹琴等。如果刚性任务没有完成，家长不要给孩子安排任何弹性任务，以免孩子两方面都做不好。

也许有人会问："这个学习流程是不是太复杂了？"孩子的情况各有不同，家长可以根据孩子的情况适当取舍，孩子已经掌握的环节可以一带而过；不过，取舍后依然要保证孩子能将语文知识学深、学透，依然要保证孩子能对当天学习的知识做到"被抽查时对答如流"。

也许有人会说："孩子没有那么多时间。"我想说："可以先尝试去做，在做的过程中想办法提高效率，像挤海绵里的水一样，把时间挤出来。"家长首先不要抵触这个流程，别看它内容多，但每一项做起来其实用不了多长时间。只要家长不抵触，只要孩子熟练掌握了方法，只要每天都这样做，孩子的学习成绩一定能提高。我相信，只要家长先让孩子完成刚性任务，在刚性任务未完成之前不安排弹性任务，孩子肯定是有时间的。即便孩子现在没时间，但随着学习流程的逐步落实，慢慢地就会有时间了。让孩子按流程学习，本身就是为了帮助孩子提高效率、节约时间。

也许有人会说："做完这些就没办法弹琴了。"孩子上学后，刚性任务才是真正的任务，只有完成了刚性任务，才可以考虑弹性任务。要分清主次，不能本末倒置。

也许有人会问："语文学习有没有捷径？"我想说："有，先带着孩子按照上文的学习流程练习 3 个月或 6 个月，之后就可以放手让孩子自己去做了。这就是捷径，学习流程层面的熟能生巧就是最有效的捷径。"

也许有人会问："不这么做能不能学好语文？"我想说："语文学习的关键在于平时的积累。平时不这么做，孩子能积累什么呢？积累不就是通过语文学习流程里的那些环节实现的吗？"

3.2.2　英语课后部分的学习流程

英语课后部分的学习流程和语文课后部分的学习流程大同小异。

（1）拼读单词音标。

（2）读单词。

（3）写单词。

（4）记住单词的字母顺序。

（5）听写单词。

（6）记住单词的固定搭配。

（7）用单词造句。

（8）理解课文。

（9）反复读几遍课文。

（10）背诵课文。

（11）完成老师布置的书面作业。

（12）简单预习英语。

（13）练字，不是书法练习，仅仅是常规练习写单词。

（14）练英语听力。

（15）写一两篇英语小随笔。

（16）其他英语拓展。

（1）～（7）围绕单词，（8）～（10）围绕课文，（11）围绕书面作业，（12）围绕为第二天上课做准备，（13）围绕练字，（14）围绕听力练习，（15）围绕为英语作文打基础，（16）围绕其他英语拓展。

对于语文、英语，都要按照相应的学习流程去学，只有这样做，才能确保孩子学透、取得高分。

3.3　数理化等理科类科目的学习流程

3.3.1　数理化的学习流程

数理化的学习同样可分为课堂部分和课后部分。这两部分同样重要，需要"走流程"。

关于课堂部分的学习流程，详见本书 3.2.1 小节。

课后部分的学习流程如下。

（1）课后复习。通读教材，回忆上课情形，不懂的向家长请教，也可致电老师或同学请教；搞懂教材上的每一个细节，明确哪些需要背诵；检查对教材上的知识点的掌握有无遗漏，简单来说就是"研读教材"。

数理化等理科类科目的知识点是相互联系的，这体现了"知识点的连续性"，也就是今天的知识点与昨天、前天的知识点串联起来能构成一个小系统。昨天的知识点没学会或忘记了，今天可能就听不懂。所以复习数理化时要尽可能将前天、昨天、今天的知识点联系起来，阅读教材时也应这样。

（2）整理、完善笔记，自我总结、归纳。课堂笔记可能稍显潦草，课后要将其整理清晰。复习过程中也会形成新的笔记。

在研究孩子的学习方法时，家长不要觉得"时间不够用"。要知道，任务量除以速度等于时间。从孩子放学到家至睡觉，这段时间是固定的，学习任务量也是相对固定的。家长应当协助孩子解决的是速度问题，即效率问题。如何提升效率才是家长应该关注的重点。

学习效率高，特别是写作业的效率高，源于孩子对知识点的熟练掌握与融会贯通。孩子可以通过学习方法来熟练掌握并灵活运用知识点，进而提高学习效率，确保拥有充足的时间。

如果家长一开始认为时间不够用，就拒绝接触学习方法，便会陷入担心时间不够用的死循环。

（3）写作业（包括书本上的练习题以及老师留的作业），注意要先熟悉知识点、教材，将该背的公式先背下来。

（4）写作业时尽可能遵循解题过程五步法则。

（5）画思维导图，这一项可以在写完作业后或学完某一章后进行。

（6）预习，这一项尽量放在睡前进行。

以上便是数理化课后部分的学习流程，每日都应按照这个流程来学习数理化。

即使孩子在学校上延时辅导班，也要按照这套流程来学习。没有家长带着做，就得让孩子自己这样做。因此，对于上延时辅导班的孩子，家长要尽可能提前教会孩子这套流程。

这套流程涉及诸多学习方法，如解题过程五步法则、总结归纳与提炼、预习、思考等，家长要提前学会并教给孩子。

刚性任务顺利完成后，若还有时间，家长可以给孩子布置弹性任务，否则不建议家长布置弹性任务。很多孩子数理化学不好的一个重要原因是，刚性任务都未完成，家长就总想着增加弹性任务。记住，贪多嚼不烂。

家长其实不必着急，只要孩子熟练掌握了这套学习流程，孩子的学习效率就会大大提高。到那时，孩子自然就有时间完成弹性任务了。

实际上，针对所有理科科目，都可以按照这个流程学习。

3.3.2 数学学习流程交流实录

家长："温老师，我是学生家长。"

温爸教子："你好！我是温爸教子的老温，有事尽管说。"

家长："我的女儿目前读初一，成绩处于中等水平。她对数学很排斥，其他科目还行，她的英语和语文成绩在班里能排前五。"

温爸教子："她是怎么学数学的？建议试试我总结归纳的数学学习流程。你要尽可能让孩子按照数学学习流程去学数学，不要遗漏任何环节。

"在数学学习流程中，对于自己比较熟练的环节，可以适当减少投入精力，但绝不能跳过。严格按照数学学习流程学习一个月，孩子的数学成绩应该就会有所提升。"

家长："孩子对数学就是提不起兴趣，题目稍有难度，她就退缩，她宁可多写英语卷子，也不愿意写数学卷子，真让人头疼。"

温爸教子："从你刚才的话里就能明显看出问题。孩子把主要精力放在写作业上了。这是个非常典型的误区。请你和孩子仔细看看我提供的数学学习流程，其实写作业在数学学习流程中所占比例并不大。

"数理化的逻辑性和推理性都很强，学好这些科目的关键在于逐项落实学习流程中的每个环节，这样才能保证孩子学透，不然孩子每天都对知识一知半解，久而久之，也就学不进去了。很多时候，并不是孩子对数学没兴趣，而是孩子的学习方法不当。

"数理化前后知识点的关联度很高，如果前面的知识点漏学了或没掌握，后面的知识点就更加难以掌握，这样孩子连基本知识都没学明白，更别说做题了。

"我总结归纳的学习方法中提到，对于数理化 3 个科目，要尽可能保证前后 3 天知识点的连续性，保证某一章节内容的系统性，这是理科科目的一种学习方法。

"另外，孩子如果现在不能熟练掌握正确的数学学习方法，学习物理、化学甚至地理时，很可能同样学不好。"

家长："谢谢温老师！我消化消化。"

3.4　先复习后写作业

　　孩子放学回家后应该先复习后写作业。有人可能会问："为何要先复习后写作业呢？这岂不是浪费时间？孩子本来作业就写不完，再一复习，那不就更写不完作业了，连觉都不用睡了啊。"这确实是一个比较严峻的问题，我们得好好探讨一下。

　　首先，孩子仅仅在课堂上听老师讲授一遍，难以完全学懂学会，并且全部记住。就算是家长也很难做到。况且有些孩子注意力不够集中，常常会漏听一些内容。很少有人能做到听老师讲一遍就顺利完成作业。

　　其次，大家留意一下孩子写作业的过程。孩子是不是边写边翻书？孩子没学懂知识点就去写作业，自然没思路，只能不停地翻书。既然孩子有这种不断翻书的行为，那还不如先集中翻书，先复习其实就是先集中翻书。

　　最后，复习就是查看课本和课堂笔记（如果有的话），回顾老师讲课的过程，把课本上的知识点彻底搞明白。首先进行了复习，写作业的速度自然就会加快，复习所用掉的时间也能弥补回来。

　　孩子学习要达到的效果应该是这样的：通过预习，了解明天要学什么内容，心里大概有个谱；通过听课，基本听明白老师的讲解，对知识点有大概的了解；通过课后复习，钻研教材，整理笔记，完全理解知识点；通过写作业，进一步检验是不是对知识点完全理解了，同时进一步加深对知识点的理解，达到融会贯通。此外，孩子还可以通过拓展学习进一步拓宽知识面。

　　那么，孩子在家里应该如何复习当天所学的内容呢？

一、怎样复习

1. 复习什么

复习当天学过的内容。每天的复习应安排在写作业之前。

2. 复习材料有哪些

课本、课堂笔记。

3. 怎么复习

- 研读课本，边研读边做笔记（要动笔，不能只是看）。

- 研读课堂笔记，边研读边做笔记，顺便把课堂笔记也整理好（要动笔，不能只是看）。

- 做笔记不是抄书，而是把当天所学知识点总结、归纳、提炼出来，形成文字（要动笔，不能只是看）。

- 把当天所学的该背的内容背下来。

- 有不会的、模棱两可的问题，向同学请教，找老师答疑。

要多看几遍课本，要完整地看课本、笔记。复习的时候不要看作业，复习与作业是两回事。复习是为了把知识点学透，不是为了写作业。复习，在本质上是真正的自学。这就是写作业之前复习的基本要领。

二、各科目具体怎么复习

例如，复习语文，先拿出课本和课堂笔记。从生字入手，要做到会认、会读、会写。尤其重要的是，要非常熟练地掌握这些字。对于课文，尝试回想老师在课上讲解的情形，默默看上一两遍，再朗读一两遍，遇到不理解的地方，向家长请教或者另寻解决之法。课文要尽可能读得滚瓜烂熟或背下来，无论老师有无要求。复习时，整理好自己的课堂笔记。完成复习后，方可着手写语文作业。复习的本质就是课后走流程，前文已讲过各科的课后学习流程，照着去做即可。

家长也可以参与孩子的复习过程。比如，家长让孩子回忆老师讲课时的情景，包括老师说了些什么、做了些什么。用这一方法时，家长可以与孩子采用问答的形式互动，家长还可以让孩子照着书叙述当天所学内容。此外，家长还可以随机抽查孩子。在抽查过程中，家长帮孩子发现问题，然后让孩子带着问题看课本。抽查内容一定要控制在老师当天所讲的范围之内，让孩子把当天学过的知识掌握就行。注意抽查的时候不要训斥孩子。

三、复习的具体顺序

或许有家长会问，复习时是先集中把各科都复习完再写作业，还是复习一科，写一科的作业？我的回答是都可以，根据个人理解和习惯来就好。我习惯复习完一科，接着就写这一科的作业。

四、怎么才算复习好了

孩子能熟练运用当天学的、老师要求掌握的知识。

五、复习多长时间

因人而异。保证孩子学透知识点。

六、复习后再写作业，还是有不会做的题怎么办

复习后再写作业确实有可能还是有不会做的题。这时可以跟同学讨论，也可以问老师、问家长，或者采取其他办法。任何时候都不能太死板，要灵活应对，我们不可能用一个方法解决所有问题，遇到特别难的问题时还得利用综合方法去解决。

3.5 解题过程五步法则，做题神器

解题过程五步法则主要针对做题。无论哪个科目，只要需要做题，都有可能用到解题过程五步法则，考试更是如此。家长一定要尽早教会孩子解题过程五步法则。孩子平时写作业就应运用解题过程五步法则，家长应定期安排专项训练，以确保孩子在考试时能熟练运用。解题过程五步法则是一个非常重要的考试技巧，考试时，攻克难题主要依靠解题过程五步法则，这样，即使是不会做的题也能获得一定分数，详见本书 4.6 节。

解题过程五步法则包括以下 5 个步骤：审题、读题，往草稿纸上转移、转化解题条件，在草稿纸上尝试寻找解题思路，在卷子上誊写答题过程及答案，检查。在做题时，这 5 步是一个整体，不能将其割裂开来。

一、解题过程五步法则的作用

解题过程五步法则能帮助孩子找到解题思路、用正确的方法做题、提高做题正确率和效率、减少丢分，是做题的秘密武器。

"一分一操场"这句话听说过吗？在高考中，如果孩子能比别人多考一分，在排名上就有可能超过一操场的人，这就是高考的残酷性。解题过程五步法则能帮孩子提分！

（1）出题人会在题目中设置大大小小的陷阱，孩子依靠解题过程五步法则有可能避开这些陷阱，从而得分。这实际上就是在帮助孩子提分，哪怕提一分也很有价值。

（2）运用解题过程五步法则，对于不会做的题，孩子也能尽量得分。对于 20 分的题，如果拿不到满分，那么拿 10 分、8 分甚至 1 分也行。并不是结果正确、步骤完整才能得分，写出一些过程、步骤也能得分。

（3）一旦孩子掌握并熟练运用解题过程五步法则，答题时就不会那么随意了，其答题过程就会规范化，这样就能减少丢分、获得高分。这实际上还是在帮助孩子提分。

（4）解题过程五步法则是一套完整、系统的做题规则。大家都知道要培养习惯、立规矩，家长教孩子解题过程五步法则，就是在立关于做题的规矩。

二、解题过程综合训练

解题过程综合训练实际上就是用解题过程五步法则训练孩子做各种题。我曾经用这个方法训练过我侄女一周，她的成绩因此提高了不少（详见本书 2.1.3 小节）。

以数学为例，在数学学习中，孩子要做大量的题，数学解题的关键便在于解题过程，而解题过程是可以通过训练优化的。

1. 解题具体过程

● 审题、读题。

● 往草稿纸上转移、转化解题条件：审题时，将审题的结果呈现在草稿纸上，在草稿纸上画出草图。

● 在草稿纸上尝试寻找解题思路：在草稿纸上分析、判断、思考、试验，寻找解题思路。

● 往卷子上誊写答题过程及答案：把在草稿纸上找到的思路体现在试卷上。

● 检查：将"卷子上的答案、试题以及草稿纸上的过程"这三者进行对照，要对整套卷子进行检查。

2. 家长的关注点

家长要留意：对于稍有难度的题，孩子是否都运用了解题过程五步法则？孩子对于解题过程五步法则的掌握是否熟练？家长尤其要关注孩子用过的草稿纸，看草稿纸上是否标注了题目编号，草稿纸上的草图或书写是否清晰、整齐。家长还要关注孩子是如何检查的。

3. 具体的训练过程

找出数学试卷或练习册，同时拿出草稿纸。

● 数学选择题、填空题的训练

做选择题、填空题时，也要用解题过程五步法则。仔细审题、读题。

用简明扼要的语言或者草图在草稿纸上转移、转化解题条件。注意草图不能重叠，不能模糊，不能凌乱。

在草稿纸上尝试寻找解题思路，完成计算过程。

检查无误后，往试卷上选择、填写处誊写答案。

家长检查孩子对解题过程五步法则的运用情况及其在草稿纸上的解题过程。很多孩子做选择题和填空题时没有过程，这是一个陋习，必须纠正。

● 数学大题的训练

做数学大题时，一定要有解题过程。这种题的训练办法与上面所讲的完全相同。

4. 其他注意事项

每隔一段时间都要进行类似的训练，建议一周训练一到两次。孩子做题，家长监督检查。家长不检查具体答题内容，只检查草稿纸上的过程，直到孩子熟练掌握这种方法为止。

家长在训练孩子运用解题过程五步法则做题时，要做旁观者，只关注草稿纸，不要参与具体的分析、判断、思考和书写过程。

三、解题过程五步法则适用于哪些科目

所有需要解题的科目都需要用到解题过程五步法则，尤其是难题。孩子会做的题因为粗心没得分，都是因为没有掌握解题过程五步法则。其实根本不存在所谓的粗心，说"粗心"其实是把问题归咎于人，一旦把问题归咎于人，就不太容易解决了。要尽

可能把问题归咎于方法。检查其实就是利用方法规避所谓的粗心。

以数学为例，拿到一道题后，按照解题过程五步法则解题即可。只要不是"1+1=？"这样一目了然的题，都可以用解题过程五步法则。记住，这一法则中的5个步骤的顺序不能颠倒。

解题过程五步法则也适用于语文。第一步，语文也需要审题、读题。第二步，往草稿纸上转移、转化解题条件，这一步可能不是所有语文题都需要，比如阅读理解题就需要，字词句题就不需要。第三步，在草稿纸上尝试寻找解题思路，写作文提纲就需要这一步。第四步，往卷子上誊写答题过程及答案。第五步，对试题、卷子和草稿纸进行校对、检查。

数学、语文是这样，其他科目也都差不多。所以，所有需要解题的科目都需要用到解题过程五步法则。

四、家长教孩子解题过程五步法则的注意事项

（1）家长自己要完整、系统、全面地研究明白解题过程五步法则。

（2）家长找一些例子进行尝试，验证一下我所讲的是否正确，也借此积累一些案例、经验。

（3）家长先将解题过程五步法则中的每一步单独教给孩子，让孩子熟练掌握每一步，然后再教孩子组合运用。

（4）家长不要在孩子写作业时教孩子解题过程五步法则，应另外找时间教孩子。

（5）家长应给孩子示范，让孩子模仿，而不是单纯给孩子讲理论。

（6）家长先教孩子解题过程五步法则，然后和孩子一起用解题过程五步法则做题。

（7）家长最后应让孩子独立使用解题过程五步法则做题。

（8）家长要不断训练孩子运用解题过程五步法则，每周训练一到两次，直到孩子熟练掌握它。

五、运用解题过程五步法则会不会浪费时间

乍一想，运用解题过程五步法则肯定会浪费时间，因为它一共有 5 步，很烦琐。实际上，熟练掌握之后，运用解题过程五步法则的过程是一个一气呵成的过程，并不烦琐。我之所以分开讲解，纯粹是为了让大家能听明白。

这 5 步相当于"老虎钳子"，在做题时能把孩子遇到的每一道题牢牢"夹住"，让孩子轻松应对试题。有了解题过程五步法则，孩子检查的时间会大大缩短，这样能节约时间，原来没有时间检查的孩子现在也有时间了。孩子很多时候出错并不是因为不会做，而是没有检查。

六、如何让孩子自觉运用解题过程五步法则

首先，要保证教会孩子。家长在给孩子讲题时，每次都运用解题过程五步法则，慢慢地孩子就习惯了。其次，不需要强调解题过程五步法则的重要性，只关注审题时长，以及答题时长，不

用解题过程五步法则会受小惩罚。最后，不断训练孩子运用解题过程五步法则，每周训练一到两次，让孩子熟练掌握它。这样孩子逐渐就会自觉使用解题过程五步法则了。

3.6　随笔，作文的根本与基础

写随笔的目的在于坚持练笔，确保不手生，积累作文素材，提升写作能力，提高作文成绩。实际上，随笔是作文素材的重要来源。

1. 什么是随笔？

可以将随笔理解为日记，但它并不是真正的日记，它比日记更随意、更灵活、更简单。

2. 随笔的作用

- 让孩子敢于写东西。

写随笔就是要解放思想，解决孩子不敢写、害怕写、觉得写作很神秘等问题。很多孩子不是不会写作，而是不敢写，害怕写出来的内容被老师和家长评价，于是就什么都不写。写随笔就是要解决这个问题，让孩子不再害怕写，大胆地去写。

- 让孩子有内容可写。

光看不写，永远都没内容可写。只要坚持每天写随笔，等到正式写作的时候，就有内容可写了。

- 锻炼专注力与耐心。

写随笔不仅可以解决不敢写、无内容可写等问题，还可以锻炼孩子的专注力与耐心。

3. 随笔的类型

对于中小学生来说，随笔有 3 种类型。

- 口述随笔，包括看图说话和不看图随意说话。

- 纯文字随笔。

- 配漫画的文字随笔。

口述随笔，顾名思义，就是用嘴说，然后记录下来，一种是用录音的方式把孩子说的话记录下来，另一种是把孩子说的话用文字记录下来。这种随笔更需要重视。语文，"语"在前，"文"在后；先有"语"，后有"文"。写作文，尤其是孩子刚学写作文时，可以先用嘴说，然后再将其变成文字。口头作文也是作文，而且它才是孩子写作文的真正起点。其实，在孩子一两岁时，家长就可以教孩子口述随笔了。从这个意义上来看，家长才是教孩子写作文的第一位老师。

写口述随笔可以从记录日常生活开始，比如今天早饭吃的什么，午饭吃的什么，晚饭吃的什么。这一过程可以通过家长问，孩子口述，随即录音的方式完成。之后，家长将录音播放给孩子听，孩子听到自己的声音后，会觉得很有意思，这能激发其写口述随笔的积极性。我家当年就是这么干的。

在这个过程中，家长要提示、帮助孩子，要让孩子说完整、说清楚、说得有层次，要尽可能让孩子多说。

纯文字随笔很好理解，就是简单写一段或几段文字，可以写一件事，也可以写一些感想。孩子如果不会写太多汉字，可以夹杂着拼音写，能把一件事、一个想法说清楚就行。

也可以夹杂着漫画写。孩子们拥有天马行空的想象力，在写随笔时，他们不必拘泥于纯文字形式，可以画图来表达内心世界。

比如，在记录一次有趣的郊游时，先画图描绘出那广阔的草地、草地上色彩斑斓的花朵，以及风筝在空中飞舞的模样，记录自己和小伙伴们的欢乐时光。

画完后，再围绕这幅画，用充满情感的文字写下当时的心情、大家的欢声笑语，以及自己对这次郊游的感受。

通过这种文字与图画相结合的随笔形式，孩子能更全面、生动地记录生活中的点点滴滴，不仅锻炼了文字表达能力，还充分发挥了绘画天赋，让每一篇随笔都成为独一无二、充满童趣的创意作品。

- 随笔中有个"随"字，所以不用过多考虑意义、价值、文采、深度，也不用过多考虑字数、格式，等等。可以想写什么就写什么，写自己想到的、看到的、听到的、闻到的、尝到的、梦到的……开始写随笔时，可以用大白话，写一行可以、两三行也行，慢慢地就越写越好。

4. 家长怎么教孩子写随笔

- 家长自己要先学会写随笔，亲自给孩子示范。家长应给孩子讲清楚写随笔的方法，但光是讲清楚怎么写随笔还不够，家长还应写一篇简单的随笔，并告诉孩子自己从有想法到具体写，最后修改成文的全过程。这样教孩子3～5次，孩子就可以动手写了。然后，家长再陪着孩子写上1～2个月，孩子就可以完全独立写随笔了。

- 家长给孩子讲清楚写哪些内容。前面讲了，想到的、看到的、听到的……任何内容均可。

- 家长不要对孩子写的随笔指手画脚，一个字都不要修改，一开始就让其"野蛮生长"。请放心，只要孩子开始写随笔了，写着写着，慢慢地就会越写越好。家长应拥有成长型思维，让孩子循序渐进，慢慢提高。

5. 孩子写随笔只有一句话怎么办

不少人问："孩子开始写随笔了，但只有一句话，行吗？"当然行！

一开始只有一句话，然后会慢慢地扩展为一段话、一篇短文、一篇长文。只要孩子开始写随笔了，哪怕只有一句话，只要家长适当引导，就可以慢慢扩展。

3.7 草稿纸，解题思路的实验室

草稿纸陪伴了我几十年，是我工作和学习中不可或缺的好帮手。草稿纸的重要性怎么强调都不为过，家长一定要教孩子熟练使用。

孩子在做题过程中，通常会遇到以下 3 种情况。

- 那种一眼就能看懂且绝对不会出错的题，比如"1+1＝？"
- 完全没有思路的难题。
- 你觉得自己应该会做，有解题思路，但做到后面就忘了前面，来回折腾，既浪费时间又耗费精力的题。

对于第一种情况，不需要草稿纸。当遇到第二种和第三种情况时，草稿纸就能帮你解决问题。

总之，只要在做题时感到困难、不确定、没有思路或可能出错，就可以尝试使用草稿纸。如果有绝对的把握，就不需要使用草稿纸。

有人可能会问："遇到难题，在卷子上不会做，在草稿纸上就会做了？"请继续往下看。

接下来，我们来分析一下草稿纸的本质是什么。

在这里，我先要强调：做题，关键在于"做"。要确保题目是通过手做出来的，而不是靠脑子想出来的或眼睛看出来的。空想，靠不住；空看，也靠不住；只有亲自做，才靠得住。这听起来有些笨，但确实是事实，也确实有效。

做题要依靠在草稿纸上留下的做题痕迹和后续的检查来保证正确率，而不是只靠聪明才智。没有在草稿纸上进行尝试，没有在草稿纸上留下痕迹作为依据并进行检查，一般人难以把难题做出来，更难以保证答题的正确率。

有了草稿纸，就能保证题目是通过手做出来的，孩子就不会盯着题目空想、空看。空想、空看是找不到解题思路的罪魁祸首。利用草稿纸能保证留下看得见的解题痕迹。

- 遇到难题时，可以在草稿纸上尝试写出解题思路，而不是空想。空想是不可能想出答案的。草稿纸可以为孩子提供尝试的机会。比如在解决平面几何题时，孩子一开始没有解题思路，就可以在草稿纸上尝试，把能想到的所有辅助线都画一遍。试错的本质其实就是排除，这样一来，题目的性质就变了，变成了考核画草图的能力，考核对于辅助线的掌握情况，考核愿意尝试的耐心。这样一来，解题就变得非常容易了，自然就能做出来了！所以，遇到难题，在卷子上不会做，搬到草稿纸上试试。

- 有了草稿纸上的解题痕迹，对于选择题和填空题，就能知其然且知其所以然，孩子就不会乱蒙答案。

- 有了草稿纸上的解题痕迹，做到后面还能记得前面，而不需要硬靠脑子记。

- 写作文时，先在草稿纸上写个提纲，再写作文，就不会跑题，而且写起来也会很快。如果一开始仅仅是打了个腹稿，很可能写着写着就忘了，慢慢地就跑题了。

- 做阅读理解时，可以在草稿纸上反复修改答案，满意后再填到答题处。

- 答完题后，根据草稿纸上的解题痕迹，简单扫一眼就能完成检查，这样能节省时间。如果没有草稿纸上的解题痕迹，检查的时候就可能得重新解一遍。重新解一遍需要多少时间呢？那可是一整套卷子啊！

草稿纸就好比做题的实验室。科学家若要取得重大的科研成果，依靠的关键是实验室。尽管人的智慧和勤奋至关重要，但倘若没有实验室这一实践的场所，再精妙的构想也不过是空中楼阁。同样的道理，在解题时，如果没有草稿纸，孩子与解题思路之间就缺乏桥梁、纽带，而空想不是桥梁、纽带。

人的脑子固然有用，然而仅靠脑子，在面对复杂的题目时，可能会陷入僵局。草稿纸的存在改变了这一局面，它提供了一个可以自由尝试、探索的空间。有了草稿纸，我们的手便能参与解题的过程，使脑海中的思路逐步具象化。

在草稿纸上，我们可以大胆地尝试各种可能的解法，进行计算、推理、验证，不断尝试新的思路。在这个过程中，也许会有错误，也许会走弯路，但正是这些尝试能让我们逐渐理清并找到解题思路。

草稿纸上的每一个算式、每一次修改，都是我们思考的痕迹，是解题过程中的重要步骤。它让我们能够更清晰地看到自己的思考过程，发现问题所在，从而及时调整策略。

总之，草稿纸是解题过程中不可或缺的工具，其作用非常大，值得我们充分重视和利用。

那么，家长应该如何训练孩子使用草稿纸呢？

- 家长要先学会熟练使用草稿纸。
- 家长不要在孩子写作业的时候教孩子，另外找时间教孩子使用草稿纸。
- 家长给孩子示范，而不是给孩子讲大道理。
- 家长和孩子一起使用草稿纸尝试做题。
- 家长慢慢让孩子独立使用草稿纸做题，尽可能让孩子养成使用草稿纸的习惯。

最后还有一些事项需要家长和孩子注意。

- 无论是平时写作业还是考试，只要准备开始做题了，就先把草稿纸拿出来，养成习惯。

- 每个科目最好都要有单独的草稿纸，而且最好是有草稿本。

- 在草稿纸上，题与题之间要用分隔线分隔开，确保检查时能区分各题的解题过程。

- 对于草稿纸上的笔迹，自己要能清楚地辨别，但没必要追求工整完美。草稿纸是给自己看的，不是给老师看的。

- 涂改时，画一下就行，不要涂得黑黑的、脏脏的。

- 画草图时要尽可能画得像，按比例画，因为比例失调会误导自己。如果一个草图不够用，可以多画几个。

- 写作文前，尽可能在草稿纸上写个提纲，打腹稿作用不大，一会儿就忘了。写作文跑题的原因之一就是没有看得见的提纲，只有看不见的腹稿。

3.8 制订计划，执行计划

3.8.1 制订计划不是为了管住孩子，而是为了帮助孩子

在孩子的成长过程中，家长如何管理孩子在家的时间是一个至关重要的问题。家长常常面临两种选择：靠计划管理，即所谓的"法治"；靠口头督促，即"人治"。

我建议，能"法治"尽可能不要"人治"，实在无法"法治"再考虑"人治"。

用合理的计划管理孩子在家的时间，如同建立起一套有效的"法治"体系，能够引导孩子更高效、有序地成长和发展；相比之下，单纯的"人治"方式则效果欠佳。希望家长都能重视并运用好计划管理，不断提高孩子在家学习和生活的效率。

家长如果想要提高孩子在家的学习和生活效率，需要合理规划两个时间段。一个是孩子放学回家至睡觉的时间段，另一个是节假日（周末、长假等）。对于这两个时间段，都要靠计划来管理。

这里一定要注意：是管理孩子的时间，不是管理孩子本人；

管事不管人，要通过管事达到管人的效果。

如果家长不能引导孩子从小就学会制订计划、执行计划，那么想要提高孩子在家学习和生活的效率，永远都是空想和奢望。

孩子放学回家后的基本流程如下：放下书包、脱鞋并摆放好、换拖鞋、换衣服并将其放置在指定位置、放好书包、洗手、上卫生间或洗把脸等，稍作休息。这个过程大约 10 ~ 15 分钟，家长不必过于严苛地不让孩子休息，毕竟磨刀不误砍柴工。之后，便开始制订计划。

在制订计划时，一定要明确，制订的是"时间分配计划"而非"任务安排计划"。

首先，搞清楚孩子有多少时间可用，然后用任务去填满这些时间。这里的时间是从孩子到家稍作休息后至睡觉前的时间，比如 5 小时。任务分为刚性任务和弹性任务。先列出刚性任务，如复习、写作业、写随笔、预习、训练学习方法等。此外，对孩子来说，运动、休闲也是刚性任务。弹性任务则包括阅读、学习琴棋书画等。

其次，估算完成每一项任务所需要的时间，比如钻研语文课本需要 20 分钟，写语文作业需要 30 分钟，等等。再把估算的各个时间加起来，比如一共需要 A 小时，如果 A 小于或等于 5，那说明时间刚刚好，直接把任务按照孩子喜欢的顺序排列即可，这就是今天睡觉前的计划。如果 A 大于 5，那说明时间不够用，只能削减任务时间，此时应削减弹性任务时间，直到 A 小于或等于 5，再把任务按照孩子喜欢的顺序排列即可。

制订计划不是为了管住孩子，而是为了帮助孩子。计划一般半个月到一个月见效，家长不能奢求立竿见影。而且这一步主要考验的是家长，而非孩子。计划执行不好，责任主要在家长身上。想要孩子学会制订计划、执行计划，家长自己首先要做到熟练地制订计划、执行计划。注意是家长教孩子制订计划、执行计划，而不是家长考核孩子制订计划、执行计划。想考核孩子也可以，实实在在教孩子半个月到一个月之后再说。

这里给大家提供一个"周一到周四"孩子放学到家后的计划范例。

17：00 到家；

17：00（不含）—17：15 休息；

17：15（不含）—17：25 制订计划；

17：25（不含）—17：45 复习语文；

17：45（不含）—18：00 写语文作业；

18：00（不含）—18：20 复习数学；

18：20（不含）—18：40 写数学作业；

18：40（不含）—19：40 吃晚饭、休闲；

19：40（不含）—20：00 复习英语；

20：00（不含）—20：20 写英语作业；

20：20（不含）—20：40 写随笔；

20：40（不含）—21：00 训练学习方法；

21：00（不含）—21：30 机动安排（运动、休闲）；

21：30（不含）—21：45 预习语数外；

21：45（不含）—22：00 洗漱，准备睡觉。

当然，这仅仅只是一个参考模板，大家可以根据实际情况调整。

这里并没有给孩子安排弹性任务，比如弹琴、做课外题等。学校老师留的刚性任务如果完不成，弹性任务一个也不要安排。

制订计划的关键是估算单项任务完成时间。一开始估算不准很正常，慢慢调整，用不了一周就可以估算准确了。无论练习哪个方法，一定要留出尝试、摸索的时间，不能谋求一步到位。

按照正确方法制订的合理的计划，不可能完不成；如果出现完不成的情况，要么是计划不合理，要么是没有完全按照我的要求去做，掺杂了过多个人想法。

执行计划时没必要那么严苛，没必要要求 1 分钟也不能差，差 10 分钟也无所谓。计划本来就该适当留有余地。计划是为人服务的，人不应该成为计划的奴隶。当然，故意不执行计划，那就另当别论了。

大家可以参考模板，用 Excel 或草稿纸来制订计划，电子版计划调整起来相对容易。计划制订完后，家长和孩子可以互相交流，不断完善。相信只要坚持执行这样的时间分配计划，孩子在家的时间就会被管理得井然有序，从而大大提高孩子的学习和生活效率。

请注意，计划里不仅有学习任务，还有运动、休闲、吃饭、洗漱等任务。再强调一遍，孩子的计划是时间分配计划，不是学习计划，更不是写作业计划。

3.8.2 规律是计划的特点，不是缺点

看到制订的计划时，有人会觉得它太教条、太令人窒息，像是把孩子当成机器来对待。然而，事实真的如此吗？

我们要明确，教孩子制订计划、执行计划分为两个阶段：一是集中培训阶段，二是实施阶段。所有有效的培训往往都是集中的，松散和拖拉绝不是正确的培训方式。如果没有在短时间内进行这种所谓的高强度培训，孩子又怎能真正学会制订计划、执行计划呢？

集中培训阶段，家长稍微严厉些，是为了让孩子加深印象，尽快学会制订计划、执行计划。孩子一旦学会了，到了实施阶段，家长就可以相对宽松一些了。

另外，"教条"是计划的特点，不是缺点。制订计划的目的就是要利用其"教条"这一特点，让计划执行者不能随心所欲，

从而达到提高效率的效果。

综合这两点，我们可以推断，只有养成制订计划的习惯，才不会觉得计划教条、令人窒息。之所以感觉计划教条、令人窒息，是因为还在抗拒，还没有养成制订计划、执行计划的习惯。

有些家长总是抱怨孩子拖拉、效率低下，可当他们看到这种严格的培训方式时又开始抱怨其令人窒息。世上哪有不费力气就能成功的美事呢？

再来仔细分析一下所谓的计划令人窒息的说法。首先，计划中安排的任务有多余的吗？或许让一些人自己来制订计划，其安排的任务可能会更多。其次，虽然计划中没有明确写出休息时间，但在实际执行中，在相邻两项任务之间完全可以酌情安排休息。如果将相邻两项任务之间的休息时间都写出来，那计划的字数就得大大增加，多此一举，完全没必要，自己酌情安排即可。再者，如果计划不按时间顺序排列，那么孩子就不知道先干什么后干什么，计划还有什么意义呢？

任何涉及时间的计划都得有先后顺序，孩子都得依次完成。按照时间顺序制订计划才是提高效率的保证。

3.8.3 周五、周六、周日的计划

对于孩子的教育和培养，周五、周六、周日这 3 天显得尤为

重要，制订好这 3 天的时间分配计划是关键所在。

周五放学后，孩子有两件事：一是制订好周五晚上和周六、周日的时间分配计划，二是尽情地玩耍、放松。也就是说，周五晚上的计划可以相对随意一些；周六、周日则需要一个详细的时间分配计划，从早晨起床到晚上睡觉前的时间都要涵盖。家长和孩子尽可能不睡懒觉，中午可以午休。设定好起床和睡觉时间，比如早晨 7 点起床，晚上 10 点睡觉，那么就有 15 小时可供计划分配。

在制订周六、周日的时间分配计划时，先在纸上列出刚性任务，如各科的复习、作业、预习、学习方法训练、背诵以及运动、休闲等；再列出弹性任务，如学习琴棋书画等。然后估算完成每一项刚性任务所需的时间，比如语文复习 60 分钟、做数学作业 60 分钟等。经计算，刚性任务共占用 780 分钟，即 13 小时，剩余的 2 小时可用于完成弹性任务。要注意，弹性任务必须为刚性任务让路，只有刚性任务完成后才可安排弹性任务。

计划必须写出来，且要按照时间顺序排列，刚性任务和弹性任务可以相互穿插。这个过程需要家长和孩子一起完成。初期，家长要引导孩子，等孩子熟练后可让其自行完成，家长只需简单查看。家长不能有逆反心理，应按照我的建议认真去做，不要急于求成，也不要怕麻烦。

如果教不会孩子制订计划、执行计划，那么关键原因是家长抵触，家长有逆反心理，责任在家长。

　　这种计划看似"教条"，实则是必要的。只有这样，才能确保孩子高效利用时间。其实，计划的特点就是"教条"，而且在这里，"教条"是优点，不是缺点。

3.9　基础不扎实怎么办

　　我们常常能听到家长说自家孩子"基础不扎实"。那"基础不扎实"到底是什么意思呢？依我之见，基础扎实就是孩子将课本上的知识学得透彻，随机抽查时能对答如流，写作业也顺顺当当的；否则，就是基础不扎实。

　　也可以这样理解，"基础不扎实"就是孩子对每天学的知识没有真正掌握，在学习上每天都有"漏洞"，就像填土一样，每一层土都填得不够结实，这样就很容易坍塌。

　　为什么会出现基础不扎实的现象呢？咱们来分析分析。

1. 听课方面存在问题

　　在课堂上，孩子注意力不集中，对于老师讲的内容，只有很少一部分听进去了，大部分都没听进去。还有一种可能，孩子无法平衡听讲与做笔记，听老师讲的时候就没法做笔记，做笔记的时候就没法听讲，顾此失彼，两者不能同时做好。也有可能是课堂上有其他同学干扰，孩子又没办法排除干扰。

2. 不喜欢老师

　　这完全是有可能的。孩子可能会无缘无故地喜欢或者不喜欢一个人。孩子不喜欢某个科目的老师时，就可能不认真听他的课。

3. 不喜欢某个科目

有的孩子从小就在家长的干预下，"积极主动"地选择了偏科。比如家长在语文方面比较强，就千方百计地抓孩子的语文，将孩子在家学习的大量时间都分配给了语文；家长自己数学差，就恨不得对孩子的数学不管不顾，万不得已时才过问一下。

孩子不喜欢某个科目，在课堂上可能就不认真听讲，放学回家后也不愿意按流程复习，导致在这个科目上花的时间很少。

4. 学习流程顺序错误

放学回家后，孩子没有复习，没有钻研教材，也没有自学，就直接去写作业了。孩子和教材接触的时间少得可怜。

5. 写作业层面的问题

孩子没有通过写作业进一步加深对知识点的理解，进行规律性的总结归纳。

以上 5 点就是孩子基础不扎实的主要原因。

孩子基础不扎实危害极大，很可能是孩子学习过程中危害最大的。因为孩子对每天的知识点都是半生不熟的，长此以往，对整本教材上的知识点都没掌握，这学几乎等于白上了。而且，有不少家长并不知道孩子的这种情况，等到发现孩子写作业不顺利、考试出问题、学习成绩下降的时候就很难挽回了。

怎样才能解决孩子基础不扎实的问题呢？

　　只能对症下药，用一把钥匙开一把锁。前面咱们分析了原因，接下来就针对原因说说解决办法吧。

1. 听课方面存在问题的解决办法

　　教会孩子听课的方法，让孩子熟练掌握。教会孩子记笔记。教会孩子排除课堂上来自其他同学的干扰。这完全是家长应该做的。

2. 不喜欢老师的解决办法

　　家长在家里、在日常生活中，尽可能避免评价他人，更不要对他人进行负面评价。这样一来，孩子就很少会评价他人了，也就不会轻易得出喜欢或不喜欢他人的结论了。家长一旦发现孩子对老师有负面评价，要尽快想办法扭转孩子的观念。

3. 不喜欢某个科目的解决办法

　　家长在教孩子的过程中不能忽视某一科目，一旦发现孩子有偏科的迹象，要尽快帮孩子调整过来。

4. 学习流程顺序错误的解决办法

　　放学回家后，家长带着孩子走流程，对于每个科目都要如此。

5. 应该掌握的知识点没有掌握的解决办法

　　孩子每天应该掌握的知识点都要掌握，做到今日事今日毕。确保孩子在被随机抽查时，能做到对答如流。

6. 写作业层面的解决办法

　　教会孩子解题过程五步法则，让孩子扎扎实实地完成每一道题，最好能通过写作业加深对知识点的理解，进行规律性的总结、归纳。

做到以上这几点，孩子基础不扎实的问题就能够解决了。

第 4 章

提高成绩的手段：
考试技巧

4.1 考试需要技巧，你的孩子掌握了吗

4.1.1 关于考试技巧的概念

考试是有技巧的！孩子学得好远远不够，还必须考得好！这就必须研究考试技巧。平时学得好，一到考试就掉链子，这样的情况并不罕见。

中考和高考是孩子人生中比较重要的两项考试，在这样的考试中，如果缺乏考试技巧，造成重大或低级失误，很可能会造成很大的遗憾。虽不能说"一考定终身"，但这会对孩子的人生造成重大影响。

这里就引出了一个重要概念：降低考试风险，保障孩子考试安全、顺利。这里的安全意味着孩子在考试期间不能出现任何状况，尤其是不能犯低级错误。企业有生产过程，考试也是一个过程。企业生产中强调安全第一，强调"安稳长满优"（安全、稳定、长周期、满负荷、优质）运行。孩子考试时同样要把安全、稳定、优质运行放在首位。考试技巧就是考试安全措

施，就是确保在考试中不会出现重大失误、会的全都答对、能得的分一分不丢的有效措施。家长和孩子一定要尽早意识到考试技巧的重要性。

有一次我坐火车时，偶遇了一位在北京航空航天大学工作的老师，他是从湖北黄冈中学毕业的。我们聊了很久，他跟我说，当年他们可没少训练考试技巧。考试技巧本身就是学习方法中确保考试安全的有效举措，而不是教孩子投机取巧的奇技淫巧。

4.1.2　具体的考试技巧

具体的考试技巧如下。

（1）设定考试目标。

（2）不过度担心考试。

（3）摸清"家底"，全面系统复习。

（4）利用三轮复习法。

（5）考前充分准备。

（6）确保考场不出丝毫状况。

（7）把握考试过程。

（8）注意考试过程中的"小细节"。

（9）考场上要"步步为营"，分分"计较"。

（10）采用有助于获得高分的答题顺序。

（11）掌握提高答题速度的方法。

（12）掌握做到"会答的题一分不丢"的方法。

（13）掌握保证计算结果准确无误的方法。

（14）避开填空题、选择题中的陷阱的方法。

（15）用答题过程保证答题的正确率。

（16）利用解题过程五步法则。

（17）掌握阅读理解得高分的秘密武器：三筛法。

（18）琢磨明白出题人的意图。

（19）对于实在不会答的题，可以蒙，但不能空着。

（20）掌握在答题过程中遇到难题的应对措施。

（21）掌握遇到不会做的题也能得分的方法。

（22）规范答题，按规矩答题。

（23）考后分析，总结经验，吸取教训。

考试技巧还有很多，这里仅仅是抛砖引玉。家长和孩子也可以自己总结、归纳、提炼一些考试技巧。请牢记：考试就是学习过程中的关键部分，考试技巧就是非常关键的学习方法。

4.1.3 怎么才能熟练掌握考试技巧

请大家注意，上述考试技巧实际上可以分为三部分：第一部分是考前的准备技巧，如考前复习等；第二部分是针对考场的应试技巧，如采用有助于得高分的答题顺序等；第三部分是考后的应对方法和策略，如考后试卷分析等。大家可以简单地理解为考前、考中和考后方法和策略。

考前的准备技巧平时就可以练习，其实，每天放学后的走流程就是在练习。只不过，每天复习的内容少一些，考前复习的内容多一些，但方法都是一样的。

考试就是答题，平时写作业也是答题，只不过，考试大部分需要闭卷，平时写作业是开卷的。要想孩子熟练掌握考试技巧，就要让孩子把功夫下在平时，督促孩子每天写作业时就要用上考场上的应试技巧。这样，上了考场，才能得心应手、游刃有余、所向披靡。

每次考试，尤其是大型考试之后，都要对本次考试做深入细致的分析。先分析试卷，再回顾考前准备和考试过程中的答题情况，总结经验，吸取教训，尽快改正。建议每次都梳理成文字，经常翻看，以提醒和警示自己。

4.1.4　关于考试的对话交流案例

家长："温爸您好！我家孩子在这次期末考试中，语文得了85 分，数学才得了 72 分。平常每次小考，他的数学成绩都在 95 分左右，然而一到大考他就出问题，我实在不明白这是为什么。

上次期末考试也是这样，他的数学只得了 70 多分，为什么会出现这种情况呢？"

温爸教子："我们来回顾一下，考试前，家长说了什么，做了什么？孩子说了什么，做了什么？在考场上，孩子又是怎样表现的？

"你先回答我这些问题，之后我再帮你想办法。孩子把试卷拿回来后，你们要逐题进行分析，查找原因。我需要掌握具体的行为细节和实际情况。"

家长："考试是统考，试卷拿不回来。考试前跟往常一样，我只是叮嘱他要看清试卷，考数学时要看清数字，别漏看、错看，让他用好草稿纸，多检查。

"考试前，他心理压力比较大，担心自己考不好。我就跟他讲，分数只是检测他在某一时期的学习效果的工具，不能代表什么，重要的是在学习过程中有没有把基础打牢。

"平常每次随堂测试时，他的成绩都要好很多，他在语文字词方面的功底很扎实。他有时也会拿数学题回来跟我讨论，我感觉他的思维能力也还不错。这学期他的数学水平明显比之前提升了，他会主动思考了，对一些数学公式运用得也比较熟练。

"他给我的总体感觉是挺不错的，但就是一到大考就会出现问题，到目前为止，这种情况已经出现 3 次了。我想知道这究竟是心理方面的问题，还是基础不扎实的问题。"

温爸教子："我基本了解情况了。我的建议如下，你可以试试。

"（1）每次大考前，家长尽量什么都不要对孩子说。你的嘱咐很可能会成为压力源。你说的那些话实际上并没有什么作用。孩子是靠考试技巧去应对考试的，而不是靠你那几句话。另外，在孩子面前尽可能做到心口如一。比如，你讲的分数只是检测他在某一时期的学习效果的工具，并不能代表什么，实际上你真是这么想的吗？

"（2）平时教孩子熟练掌握'考前全面系统复习'的方法。复习时不遗漏任何项目，不押题，教材和做过的作业都要复习到位。

"（3）平时教孩子熟练掌握解题过程五步法则及其他考试答题技巧。

"（4）另外，即使试卷拿不回来，也应该鼓励孩子尝试通过回忆等方式思考可能失分的地方，写一个整改方案。

"（5）把大家总结、归纳的考试技巧尽可能落到实处。"

家长："明白了，谢谢温爸！"

4.2　考前该如何复习

　　学得好，还必须考得好。考试是学习过程中的关键环节。考试也是个技术活，所有的技术活都需要技巧，考试也需要技巧。本节介绍考前该如何复习。

4.2.1　考前要复习和了解哪些内容

　　1. 学习材料

　　教材、老师指定的课外参考书等。

　　2. 学习成果

　　作业、试卷、练习册、错题本、写过的随笔和作文等。

　　这些资料平时都得留着，还得整理好，确保在复习的时候能随时随手取用。

　　3. 复习之前，摸清"家底"

　　复习之前要先了解哪些是强项，哪些是弱项，然后通过复习查缺补漏，发挥强项，补足弱项。

4. 了解老师那边的情况

主动与老师沟通，获取考试相关的信息，如考试范围。

5. 了解同学那边的情况

与同学交流，了解他们的学习新发现，拓宽复习视角。

4.2.2　具体怎么复习

采用三轮复习法，具体操作如下。

第一轮，完整细致地过一遍教材和自己做过的题。

过一遍教材很好理解，但对于自己做过的题，为什么还要再过一遍呢？虽然题都做过一遍了，但是记住了吗？有没有遗忘的部分？

什么叫过一遍？对于一眼就会的内容，看看就好；对于已经忘记该怎么做的题，需要重新做一遍。总之，要确保将每个知识点都掌握。

看教材、看做过的题，都有可能发现问题，要在这个过程中把发现的问题统统解决掉。

第一轮复习是最关键的，时间长，任务重。家长一定要抓好这一步。而且这一步必须由孩子自己完成，谁也替代不了孩子。

第二轮，再过一遍教材和做过的题。但这一轮不需要看得那么完整细致了，可以看得稍微粗略一点。在这个过程中要及时发现并解决问题。这一轮复习的目的主要是检验并巩固第一轮复习的成果。

第三轮，拿出所有的复习资料，进行随机抽查。遇到答不上来的地方，就查阅相关资料进行巩固。

4.2.3　复习过程中的注意事项

1. 全面系统复习

复习的核心在于全面系统。

2. 多复习几遍

对于教材、笔记、过去的作业和试卷、错题本，全部都要"地毯式"地多复习几遍。不要嫌麻烦，要确保将知识点都烂熟于心。

3. 该背的一定要背下来

语文、英语有大量内容要背诵，记不住不行。背诵是硬功夫。在复习过程中，很重要的一点就是背。

4. 不要押题

在复习过程中，不要尝试押题，押题没有意义。

4.2.4　怎么跟老师组织的复习统一

老师会组织孩子复习，孩子也有自己的复习计划。怎么确保孩子的复习计划跟老师组织的复习统一？

每个孩子都有自己的强项和弱项，可以通过复习查漏补缺。老师组织的复习不一定完全符合每个孩子的需求，但也不能忽视它。

完全按照老师的计划复习，做不到查漏补缺，复习效果不尽如人意；完全不按照老师的计划复习，老师可能不会允许。

老师带领孩子们复习，与孩子自己复习不矛盾。因此，在课堂上，孩子可以完全跟着老师复习；回家后，孩子可以按照自己的计划复习。

4.3 如何杜绝考场失误

孩子平时学得再好，如果在考场上发挥得不好，照样得不了高分。如何杜绝考场失误呢？大家可以参考以下方法。

（1）进入考场坐下后，赶紧收心，将注意力集中起来，准备答题。如果此时注意力无法集中或者有点紧张，怎么办呢？一个小窍门就是，闭上眼睛，用双手捂住脸，露出鼻孔，然后深呼吸，这样很快就可以集中注意力。在这个过程中，无须在意别人的眼光。

（2）卷子发下来后，通常会有几分钟的预备时间。对于这段时间有多长，要提前搞清楚了，各地很可能不一样。利用这段时间，看看一共有几张卷子，有无缺失，可以通过核对所有题目的分数总和是不是等于满分来判断。看看有没有发草稿纸，如果没有，向监考老师要。

（3）在卷子上写名字、考号或学号。这些一定要先写上，不能等答完了再写。这是考试的基本规则，一定要遵守！有不少人因为忘写名字等导致成绩直接为0分。

（4）答题时一定要注意答题顺序（详见本书4.5节）。

（5）不要考虑题难不难。遇上比较容易的题时，切记不可沾沾自喜，你觉得容易，别人也觉得容易，大家都是一样的；遇上比较难的题时，用不着着急上火，你觉得难，别人觉得也难，大家都是一样的。

（6）答题时一定要用草稿纸，一定要用解题过程五步法则。

（7）答题时注意时间。适当看表，对剩余的答题时间做到心中有数，但没必要总是看表。

（8）答题时，不要关心周围其他人的答题状态。有的人看到别人答题很轻松，就开始胡思乱想并且紧张了，一定要杜绝这种行为！你答你的，他答他的，不要被别人影响！

（9）如果答题不太顺利，一定要稳住，不能乱了手脚。一定要牢记：你答题不顺利，别人也不顺利，大家都是一样的。一旦慌了神，可以闭眼深呼吸，掐掐胳膊或者大腿，提醒自己，把自己的注意力拉回考场。

（10）每一道题一定要有明确的答题过程，不允许出现想当然的跳步行为。

（11）一定要保证每道题都是经过深思熟虑的，每道题的答题过程和结果都认真反复检查过。有的人因为"马虎"丢分，其实质是想当然，没有认真仔细地检查。

（12）会答的全答完后，就开始静下心来检查。此时此刻不要想别的，只想卷子上的事。如果时间允许，要反反复复地检查、验算、校对。

（13）在任何考试中都不要提前交卷，要养成好习惯。

（14）考场上遇到突发状况时，一定要找监考老师，通过监考老师去解决，不要自行解决，以免被认为是作弊。

考试前要注意。

（1）每次考试前，不要喝太多水，尽可能保证考试过程中不上厕所。上一趟厕所，5分钟没有了，而且重新回到考场时，状态可能也会发生微妙的变化。可以考试结束后再喝水。

（2）考前一定要准备好铅笔、中性笔、橡皮、直尺等考试用具。铅笔、中性笔要有备用的。铅笔要事先削好或准备好自动铅笔笔芯，中性笔要事先试用。考试用具要装在一个盒子里。

（3）最好平时养成戴手表的习惯。考试期间不允许带手机，无论手机关机还是开机，只要在考试时使用一律算作弊。有的地方规定考场上不允许有挂钟，因此戴手表有利于考试时合理分配时间。

孩子可以根据自己的实际情况对以上内容进行取舍，或者进行补充。这里仅仅是抛砖引玉。

4.4 怎么才能确保会答的都得分

要想确保会答的都得分，应先答容易的题。

1. 先答容易题的好处

● 遇上难题不受挫，能够正常发挥。

● 能保证会做的题先拿到分。

● 能让孩子考试少丢分。

● 能提升答题速度。

这种孩子平时写作业时也可以用。

2. 按照试卷顺序答题的坏处

一张试卷上，大题小题加在一起一共有几十道题，这些题是有编号的，在答题的时候，是按照试卷顺序答题呢？还是挑着答？

如果按照试卷顺序答题，第一题、第二题都做得很顺利，第三题遇到了困难，用了 20 分钟也没做出来。这无疑会浪费时间，甚至可能导致后面那些容易的、会做的题也没时间做。

这么看来，按试卷顺序答题不太可行。那就研究研究，挑容易的先答。

3. 挑容易的题的解答步骤

这不是说先把容易的题挑出来，然后再去答，而是说按照顺序浏览试卷，一旦遇到能迅速解答的题，就立即解决；遇到比较难的题，就先做个标记，跳过去。

等到把容易的题、一看就会的题都答完了，再回过头去琢磨那些比较难的题。

考试最终看的是什么？分数。

至于这些分数是来自难题，还是来自容易的题，没人关心。只要能得分，难题、容易的题，没有丝毫区别。

挑容易的题答，本质就是"把能拿的分先拿到手"。这样做的好处在于，会答的题我都答了，没有遗憾；不会答的题，随它去吧。而且，挑容易的题答，前期耗时短，为后续攻克难题留下了更多余地，很可能难题也照样能得分，何乐而不为呢!

4. 先挑容易的题答的具体操作方法

首先，把试卷上的题从头到尾看一遍，先把一看就会的题做了。这类题必须得分。对于不能立即解答的题，先跳过去。

其次，再从头到尾看一遍题，这次集中解决一看就有思路，并能一看就写出答案，但需要略微思考一下才能做出来的题。这类题也必须得分。

再次，从头到尾看一遍题，这次集中解决一看就知道是考查哪方面的知识点，但没有思路的题。对于这类题，我们运用解题过程五步法则在草稿纸上尝试解答。

最后，实在不会的题，此时估计只剩一两道了。对于此类题，能得分更好，实在得不了分也没办法，没必要觉得遗憾。你不会，其他人也不一定会，但前提是你全面系统地复习过了，你用上本书所讲的考试技巧了。

有人可能会说，挑着答可能会漏题。

将试卷上的题从头到尾看过 3 遍，再加上检查环节，可以有效避免漏题现象；如果出现漏题，十有八九是没有检查，跟挑着答题无关。

4.5 怎么攻克考试难题

1. 先跳过难题

一看某道题太难，连想都不要想，直接跳过，等到把所有容易的、会答的题全都答完了，仔细检查几遍，确保会答的题一分不丢，再开始解决难题。千万不要小瞧这一点，这非常重要。

这么做可以保持心态平稳，不影响做其他会做的题。

2. 解决难题的基本思路

解决难题的基本思路就是在草稿纸上尝试。还记得解题过程五步法则吗？

遇到难题之后，攻克它的方法如下：先拿出草稿纸，认真审题、读题，同时，把已知条件和未知条件向草稿纸上转移，然后在草稿纸上尝试寻找思路。

例如，尝试寻找解题思路就好比开车，当路不熟，且没有导航时，自己不知道该怎么走，那只能是尝试摸索往前走。尝试第一条路——向东走，不通，放弃；尝试第二条路——向西走，不通，再次放弃；尝试第三条路——向南走，通了，拿下！记住，不要投机取巧，不要想着走捷径，把自己能想到的所有可能性都试一遍！

东、西、南 3 条路，从哪一条开始试？无所谓，可以随机选择一条进行尝试，很可能一下子就走通了。

比如画平面几何和立体几何的辅助线，把能想到的、有可能的辅助线全都尝试一遍，通常就能找到解题思路了。很多人之所以无法攻克难题，就是不想静下心来从头到尾尝试，只想寻找捷径。这其实是一条死路。其实笨办法就是最有效的办法，尤其是遇上难题的时候。攻克难题关键是要在草稿纸上尝试，要动手，而不是只动脑。

有人可能会说，我讲的这些比较适合理科考试。对，理科考试一般都会遇到难题。

语文、英语等文科的考试中，难题相对较少，比较灵活的题就算是难题了，比如作文。对于作文，可以先构思，再写提纲，最后写具体内容。

请牢记：难题的解题思路是用手在草稿纸上尝试出来的，不是只用眼睛就能看出来的，也不是只用脑子就能想出来的。

3. 不会做的题也可能适当得分

那就是在解题时，一定要明白：写出正确的答题步骤也能得分，每多答一步就能获得每一步的分值。

20 分我得不了，得 15 分行不行？得 10 分行不行？实在没辙了，得 1 分行不行？关键时刻，很可能就是这 1 分救了你！

　　遇到难题时，千万不要轻易放弃，能答多少算多少，答了总比没答强，总之试卷上不能出现空白。

　　一般情况下，大题并不是只有答案正确才可以得分，每答对一步就能获得一步的分。即便答案不正确，但是答题步骤是正确的，照样可以得分。

4.6　考试成绩公布后该怎么做

孩子的考试成绩公布后，家长和孩子该怎么做呢？

1. 孩子考得不理想时家长的做法

孩子考得好，家长自然满心欢喜。因此，下面仅介绍孩子考得差时家长该怎么做。首先，家长得接受孩子考得不理想的事实。然后，切忌情绪化，切忌将为孩子做饭、收拾、补课等付出与孩子的考试成绩相联系，否则最后难以收场的会是家长自己。

2. 家长应审视自己做过什么

提高孩子的考试成绩靠什么？靠学习方法。家长要以抓学习方法为主，以抓知识点为辅，这在前文已详细介绍过。

家长可以问自己：教会了孩子多少种学习方法？解题过程五步法则教会孩子了吗？考试技巧教会了几种？考试技巧教过几次？如何教的？认真思考并回答这些问题后，家长在孩子考得不理想时就不会那么生气了。

3. 家长不可惩罚孩子

有些家长答应考完试带孩子吃好吃的，可一看孩子考试成绩不理想，就收回承诺。别说下馆子了，有些家长可能连饭都懒得给孩子做了，甚至会打骂孩子。家长这么做就是在惩罚孩子。

- 本来孩子考得不好，他的心里多多少少也有些愧疚或者不好意思，倘若家长打骂孩子、不让孩子吃好吃的，这下孩子反倒可能会"理直气壮"：我考得确实是不好，可你打也打了，骂也骂了，答应的好吃的也不给吃，还想怎么样？这样孩子心里丝毫愧疚感都没有了。

- 反过来，如果家长不打不骂，啥也不说，还带着孩子去吃好吃的，孩子可能会更愧疚，接下来家长稍加引导，就会有效果。起码孩子会觉得：虽然这次考得不太好，但爸妈还是带我去吃好吃的了。这样孩子会有所触动，亲子关系没有受到丝毫影响，就为后面的一系列安排创造了有利条件。

4. 吃完好吃的后应该做什么

总结经验，吸取教训。具体该怎么做？家长坐下来，拿出孩子的试卷，与孩子一起心平气和地分析试卷。这一步一定要做。这就好比打完一场仗，一定要开个会总结一下。

经常听家长说试卷没有发下来。确实存在这种情况。但我想问问家长：围绕试卷，你做过什么努力？你将所有的办法都用上了吗？你找过老师吗？你找过其他家长吗？即便没有试卷，凭借孩子的回忆，也应该能整理出一部分试题来。另外，你还可以跟其他家长交换信息；你家孩子回忆一部分试题，他家孩子回忆一部分试题，大家凑一凑，也就八九不离十了。办法总比困难多！

5. 准备开家长会

自己统筹安排好时间，尽可能参加。搞清楚时间、地点，准备好笔记本和笔，尽可能提前到学校。

6. 制订下一步的整改方案

吃了好吃的，分析了试卷，家长会也开了，接下来就应该制订整改方案了。什么是整改方案？就是已经发现的孩子在本次考试中出现的问题及其解决方案。整改方案应该从以下问题出发来制订。

● 教材是否吃透了？

● 知识点是否吃透了？

● 学习方法有没有熟练掌握？

● 解题过程五步法则掌握得如何？

● 上课听讲和做笔记、研读教材、总结、归纳、提炼等环节做得如何？

● 考试技巧会不会？

围绕本书讲的内容和方法，对照上面的问题形成简单的文字，便制订好了整改方案。要制订这样的整改方案，一开始对家长来说肯定有一定的难度，但再难也得尝试着去做，否则问题越积累越多，成绩提高遥遥无期，焦虑纠结永无止境。经过一两次实践之后，家长就会觉得这其实很简单了。

7. 发现孩子太多问题怎么办？

无论有多少问题，一个一个解决就好，解决了一个也比不解决好。发现问题是好事，家长应该高兴，而不要有过度担忧。因为，发现了问题就是在提醒家长，孩子在这方面还没有完全熟练掌握。试想一下，如果问题没被发现，很可能越积越大，等到发展到一定程度时，就不见得有好的解决办法了。

8. 温馨提示

整改时，千万不能仅仅把试卷上的错题做一遍就了事。这样用处不大。考试成绩不理想，根源在于学习方法不对、知识掌握程度不够、背诵效果不好，以及平时的努力不够，跟错题其实并没有太大的关系。请不要夸大错题本的作用和价值。

还有一点，平时的考试跟中考、高考不一样。中考、高考是选拔性考试，是过关考试；而平时的考试是检验性考试，是为了暴露问题，然后让孩子解决问题、提高成绩。所以，平时考试考得不理想并不一定是坏事。

第5章

家长如何
才能帮到孩子

5.1 怎么才能让孩子积极配合家长

5.1.1 正面教育

在教育孩子的过程中，究竟应该采用何种教育方式才能够收获最佳效果呢？这应该是每一位家长都想知道的。

我的体会是，正面教育是一种很好的教育方式，我们应该采用正面教育方式，其核心思想是：始终教孩子正确的方法和做法，不指出并纠正他们的差错，更不触及他们的缺点。

1. 永远示范正确的方法

家长应当以身作则，通过实际行动为孩子示范正确的方法。通过家长的示范，孩子能够直观地看到某件事包含哪些具体步骤，每个步骤是如何操作的，能够直接模仿，而非仅仅听一些抽象的概念和大道理。

孩子听到说教，他还得自己去领会，然后才能转化成行为。领会是中间环节，孩子有可能领会正确，也有可能领会错误。对于家长说的话，孩子不一定能够领会到位。一般情况下，孩子最好直接照着做，先保证做起来，做的过程中再深入理解和领会。

2. 发现孩子存在问题或者错误时的做法

发现孩子存在问题或者错误时，家长尽量不要负面评价。教孩子一次或者几次正确的方法，等孩子熟练掌握了正确的方法，错误自然而然就减少了。

3. 教过了再考核

要求孩子做对或者纠错，实际上就是考核。没有教过孩子方法、内容或技能，就不要对孩子进行考核；对于教授次数很少的内容，家长也尽可能不要对孩子进行考核。

4. 关注孩子的进步

家长应该关注孩子的每一次进步，即便是微小的进步，并明确说出孩子取得的进步。这样能够让孩子感受到自己的付出有意义、有价值，能让孩子有成就感，从而激发他们的内在动力。

5. 鼓励和表扬

当孩子做出良好的行为或者取得了进步时，家长应该及时地给予鼓励和表扬。这样能够让孩子感受到自己的成长获得了认可，进而增强他们的自信心。

6. 耐心协助

当孩子遇到问题时，家长应该耐心地帮助他们，帮他们分析问题，探寻解决办法。在这个过程中，孩子能够学到有针对性的解决问题的方法，同时也能感受到家长的关爱。

7. 培养成长型思维

家长要让孩子感受到自己的能力可以通过努力一点点提升，要让孩子亲身感受到自己的进步与提高，这一点特别重要。人的进步本来就是要一点点累积的。"不积跬步，无以至千里。"有的人总是奢望一日千里但是总也实现不了，然后就没信心了，也就放弃了。这是因为他们不具备成长型思维。

有一句话要送给大家："失败很可能并不是成功之母，每一个小成功才是成功之母，每一个小成功累积在一起，就是大成功。"

所以，每当孩子取得了一个小成功时，家长就要明确告诉孩子这个小成功的具体细节。这比空洞的表扬和激励强千倍万倍。

5.1.2 家长咨询

家长："温爸，您好！我的女儿6岁，儿子不到2岁。自弟弟出生后，姐姐似乎产生了一定的心理落差。现在他俩相处时，姐姐经常吓唬弟弟，比如对他大声吼叫或者做出很凶的表情，又或者追着他跑。弟弟现在常常看到姐姐就往爸妈怀里躲，偶尔也会和姐姐对着叫。姐姐的这类行为是不是为了引起我们的注意呢？有什么办法可以制止姐姐的这类行为吗？"

　　老温："我想问问，你是怎么得出'姐姐产生了一定的心理落差'这个结论的？你举的这些例子是想表明姐姐有心理落差吗？我觉得这些例子跟心理落差未必有联系。我建议尽可能少研究孩子的心理活动，只研究发现的现象，并根据发现的现象制订解决方案。

　　"另外，我想问一下，你有没有正面地教过姐姐应该怎样和弟弟相处？比如，把她叫过来，给她示范如何与弟弟相处，而不是对她说教。

　　"对于一个 6 岁的孩子来说，她可能会觉得吓唬很正常，追着跑也很正常，那不过就是玩耍嘛。要是你不教她正确的方法，她完全有可能认为这些就是正确的。你不能让孩子去猜测什么是正确的方法，而是要直接教会孩子正确的方法。

　　"另外，你问怎么才能制止孩子的这类行为，但我认为不应该制止孩子的行为，而应该制止家长挑错、纠错的行为。

　　"家庭教育有两种思路。第一种是正面教育，即始终都在教孩子正确的方法。

　　"另一种是纠错教育，即看到孩子犯错就把错误指出来。有的家长不仅指出来，还让孩子当面认错道歉。这种方法用在孩子身上不太合适。

　　"家长还应该牢记，教了再考核。你没有教过孩子的内容，就尽量不要去考核他。考核的所有内容都应该是你事先教过的内容，而且教过不止一次。如果你没有教过孩子就去考核他，这不是故意为难孩子吗？比如我现在给你一本结构力学教材，不给你讲解，让你自己看 3 天，然后我来考你，你觉得这公平吗？

"所以，没有教过孩子的内容，就尽量不要考核孩子。不教却要考核，本质上还是在进行纠错教育。

"请牢记：正面教育只教方法，不挑错、纠错，一直给孩子讲解什么是正确的方法。"

家长："温爸，您讲的这些内容，我需要仔细认真地体会体会。谢谢温爸！"

5.2 给孩子讲解时不发火、不崩溃的秘诀

5.2.1 提前备课

家长给孩子讲解时容易发火、崩溃，主要原因是备课不足。很多人觉得备课是给家长增添额外的负担，然而事实恰恰相反，这是在切切实实地帮助家长减轻负担。为什么呢？

家长提前备课不仅能使讲解过程更加顺畅，还能有效减少发火。当家长提前做好准备，其讲解会更具逻辑性，家长就能避免因讲解不清而产生急躁情绪，孩子也能更好地理解。

很多家长原本就没有接受过正规的讲解训练，要是再不提前备课，那么在讲解过程中就只能现编现讲，讲得支离破碎、毫无逻辑，孩子自然难以理解。

而家长又会因为孩子的不理解而发火甚至崩溃。倘若家长在教孩子之前能提前准备，为孩子讲解时将会呈现出截然不同的效果，家长便能够更加从容地应对孩子听讲时出现的各种问题。

因此，提前备课不是在为难家长，反而有益于家长，提前备课的第一受益人是家长，第二受益人才是孩子。

提前备课也没有任何困难，家长只需要提前思考自己该如何讲解，先讲什么后讲什么，考虑清楚孩子能否听懂，思考怎样才能让孩子更好地理解。

家长一开始给孩子讲解时，要提前备课，把自己想讲的内容写出来。时间久了，等家长经验丰富了，就可以不再写出来，或者只写个提纲。讲解任何内容都应该如此。

如果家长没有讲解经验，平时也很少在人前讲话，更需要依靠提前备课来解决讲解水平低下和经验不足的问题。有了经验之后，可以不备课；没有经验时，不备课绝对不行。

5.2.2　备课过程

第一步，把要教孩子所做的事情的步骤写出来。这一步是关键。

第二步，考虑怎么用口语讲解，不能用文绉绉的表述；还要考虑怎么给孩子示范。

第三步，考虑怎么讲解和示范更容易让孩子理解，并调整自己的讲解方式和示范方法。

第四步，考虑如何让孩子更好地进行记忆，进一步调整自己的讲解方式和示范方法。

例如，在教孩子做题前，可按如下步骤备课。

第一步，把教孩子做题的步骤写出来。

（1）家长首先拿出草稿纸和笔。

（2）接着拿来要教孩子做的题。

（3）家长亲自把做这些题的步骤写出来，这一步至关重要，要提前设计，不能现场编造。家长应该做到：无须看任何提示，就能非常熟练地将做这些题的详细步骤讲出来，还能进行示范。做不到这一步就不要给孩子讲题。

（4）每次讲题都要使用解题过程五步法则去讲。

然后，依次思考、准备第二步、第三步、第四步。

再如，家长给孩子讲背诵方法的备课步骤如下。

第一步，家长把教孩子背诵方法的步骤写下来。

1. 家长拿出需要背诵的材料。

2. 朗读 5 ~ 10 遍。

在朗读过程中，可以将自己的声音录下来，之后放给自己听。

在朗读过程中，也可以边读边用手在草稿纸上"空写"。

3. 朗读 5~10 遍之后，可以尝试进行背诵。遇到困难时可以适当看看材料以提示自己。发现有难以顺畅背诵的地方，可以多朗读几遍，重点突破。

4. 尝试背诵若干次后应该就能顺利背诵全文了。

然后，依次思考、准备第二步、第三步、第四步。

每一次备课都是这样的步骤，家长只要照做即可。

5.3　提高孩子学习质量的秘诀

5.3.1　从数量到质量的蜕变

唯有不断练习，才能逐步提升技能水平。这一观点在我们学习新知识点时体现得尤为明显。当我们接触新的知识点时，大脑会本能地排斥和抵触。此时，我们需要做的便是反复练习、反复研究，不断地刺激大脑。唯有如此，新知识点才会真正为我们所掌握。

在学习方面，数量的积累是至关重要的。没有足够的数量作为基础，质的提升便如同空中楼阁。我们不能期望一蹴而就，要静下心来，踏踏实实地去积累数量，从一次次的复习、走流程、练习中总结经验，从一次次的重复中寻求进步。

5.3.2　教孩子的次数

在教孩子学习方法的过程中，一些家长常陷入一种误区：认为教孩子一两次，孩子就该学会并熟练掌握。这种想法太急功近利了。实际上，在教孩子任何方法或者技能时，数量的积累是质量提升的关键。

一个学习方法仅教一两次就期望孩子学会并熟练掌握，这是空想，完全不符合学习规律。孩子学新知识，一开始会习惯性排斥，如果只教孩子一次，还没有过孩子的排斥期，新知识不太可能在孩子的脑海里生根发芽。对于新的学习方法，起码要教孩子 5 ~ 10 次，孩子才有可能进入信任期。只有进入了信任期，孩子才有可能深入学习。只教一两次就考孩子，非常不切实际，这只能表明家长不懂儿童教育方法，更缺乏经验。

其实，所谓熟练掌握了学习方法，本质上是该方法成为孩子的本能行为，只要遇到类似的学习问题，孩子自然而然就会产生那个本能行为。所以，尽可能多教孩子。以我为例，我教孩子某一个学习方法时，有教过 10 次的，也有教过超过 50 次的。

很多时候，家长总希望孩子在短时间内有巨大进步，却忽略了学习的本质规律。孩子的成长是循序渐进的，每一步都需家长用心引导和陪伴。急于求成，三分钟热度，缺乏耐心，决定了家长很难在助力孩子学习上取得效果。

家长要牢记，无论教孩子什么内容，量变才有可能引发质变。孩子未熟练掌握某项内容，主要原因是家长教孩子的次数不够，对于同一个方法，尽可能保证教孩子的次数够多，比如 20 次、30 次甚至更多。但这并不是说机械地重复所教的次数，而是在这个过程中，要根据孩子的疑问，不断调整和改进教学方法，以达到让孩子真正理解和熟练掌握的目的。这个过程，其实就是教学相长的实践过程。对于同一个方法，第一次学习与第十次学习时，孩子的理解肯定不一样。家长可仔细观察孩子的掌握效果是不是一次比一次好。

5.4 准确判断孩子的学习状态

　　在孩子的学习过程中，精准地判断他们的学习状态极为关键。很多家长往往过度关注期中、期末考试成绩，却忽视了孩子的日常表现。实际上，孩子学习的状态会通过日常行为表现出来，这和期中、期末考试并没有必然联系。即便学校不再举行期中、期末考试，不公布考试分数，不告知排名，甚至不发回试卷，家长依然可以通过一些简便的方法来判断孩子的学习状态。

　　第一，看孩子做作业的情况。

　　孩子如果做作业很顺利，就表明学习状态较好；若做作业还算顺利，但中间遇到一些阻碍，那就是学习状态一般；若做作业不顺利或很不顺利，那就是学习状态较差。

　　什么叫顺利？孩子能够独立完成作业，或者能在家长的简单帮助下完成作业，而且错误率不高，就代表顺利。

　　第二，进行抽查。

　　随意翻开孩子的课本以及写过的作业并提问，看其能否回答正确及其回答的熟练程度。孩子如果能非常熟练地回答正确，说明学习状态不错；如果能回答正确但不太熟练，说明学习状态一般；如果回答不上来，则表明学习状态较差。

第三，检查孩子每个科目的学习流程。

若孩子不能按照学习流程学习，即便当下成绩还可以，以后也可能出现问题，因为不按流程学习往往依赖的是小聪明或者"老本"。对于多数孩子来说，这样很难将知识学透。在低年级时，孩子不按流程学习也许也能顺利完成作业，这是因为很多家长提前教了孩子知识点或者知识点比较简单；但到了高年级，知识点更为复杂，孩子不按流程学习就会出现学不透彻、学不扎实的情况，届时孩子的成绩就会下降。

在孩子处于低年级时，家长不能只看孩子的成绩，更要关注孩子的学习流程；等孩子到了高年级，知识点难度增大，家长无法提供帮助时，学习流程就显得尤其重要。家长如果平时不注重教会孩子学习流程，等到发现问题后再补救就会很费力。

第四，检查孩子对学习方法的掌握程度。

当学校不考试时，家长可以从孩子是否熟练掌握学习方法并积极运用来评判孩子的学习状态。

能熟练掌握并积极运用学习方法的孩子，通常学习状态不会差。熟练掌握学习方法的孩子，在学习过程中会表现出更强的自我管理能力和学习策略运用能力，他们知道如何制订时间管理计划、高效阅读、整理笔记、复习等。这些方法的运用不但能提高他们的学习效率，还能培养他们的学习兴趣和自信心。能积极运用学习方法的孩子具有更强的应变能力和适应能力，不管面对何种学习任务和挑战，都能迅速运用合适的方法应对，从而在学习中保持良好的状态。

不能熟练掌握并积极运用学习方法的孩子，在学习的过程中往往显得没有条理。

第五，观察分析其他因素。

学习成绩不等同于期中、期末考试成绩，它涵盖诸多方面，例如日常作业的完成情况、每日作文的成绩、随堂测试的成绩，以及其他各种考试的成绩等，具体如下。

（1）日常作业的完成情况，也就是作业的成绩。做作业其实相当于开卷考试，既然是考试，就要卡时间，应要求孩子在规定时间内完成规定作业，并且对其打分。

（2）每日作文情况。孩子每日作文的完成是积极主动还是不尽如人意？写作过程中，孩子具备哪些优势、存在哪些困难？写作后，老师是怎么评判孩子作文的？

（3）随堂测试的成绩，家长要清楚孩子每次随堂测试能得多少分。

（4）其他各种考试的成绩，如小测验、月考、复习阶段的考试、县区组织的临时考试等。

说实话，即便学校有期中、期末考试，家长也不能完全依据期中、期末考试的成绩和排名去判断孩子的学习状态。那太不具体了，无法反映孩子的真实状态。家长要尽可能按照本节所讲的要点，多角度、多层次地去判断孩子的学习状态，这样才能了解孩子的真实学习状态。

家长长时间无法有效掌握孩子真实的学习状态，在很大程度上是孩子学习成绩下滑的重要原因之一。家长在孩子身上所下的功夫也是判断孩子学习状态的重要指标。

总之，在判断孩子学习状态时，家长不能仅仅看期中、期末考试成绩和排名，还有很多要素要关注，而且家长在日常生活中都能够很容易地判断孩子的学习状态。

5.5　家长教孩子的最佳时机

5.5.1　小学低年级是黄金时期

在孩子处于小学低年级（三年级及以下）时，很多家长没有下功夫教孩子学习方法，有的家长没有意识到教孩子学习方法的重要性。这可能导致孩子在进入小学高年级时成绩下滑，家长也因此纠结、焦虑、情绪化。

在孩子处于小学低年级时，家长可能觉得教孩子学习方法意义不大，因为在这个阶段，学习方法对学习成绩的贡献确实不太突出，经验不足的家长一般感受不到学习方法的效果，此时家长往往更关注孩子的知识点掌握情况和做题情况，而忽略了孩子对学习方法的掌握。然而，当孩子升入小学高年级乃至初中、高中后，学习方法的重要性便日益凸显。这时候家长才认识到学习方法的重要性，想赶紧教孩子学习方法，却已经错过最佳时机了，因为孩子已经形成了自己的学习习惯，甚至可能是不良习惯，而改变这些习惯极为困难。

实际上，家长自身的认知在很大程度上决定了孩子的未来。

倘若家长能够在孩子处于小学低年级时重视学习方法的培养，帮助孩子养成良好的学习习惯，那么孩子在小学高年级的学习过程中将会更顺利。所以，家长应该从孩子处于小学低年级，最好是一年级时开始，就注重教孩子学习方法。

有人可能会说，你一会儿说学习习惯，一会儿说学习方法，这两者究竟有什么区别？都对，前面咱们讲过，学习方法包含学习流程、学习习惯、针对知识点的方法及考试技巧，学习方法是总称。

下围棋时，每下一步棋都须兼顾当前局面和未来发展，棋手有时会下出看似无关紧要的棋子，这些棋子在当下对局面影响不大，但后续可能会发挥重要作用。

很多时候，我们不能等到有急切需要时才去行动，因为大多数行动都不是立竿见影的，往往需要时间。这一理念在生活的各个方面都有体现，在孩子的学习上更是如此。

所有事情都要提前安排，教孩子学习方法也不例外。在小学低年级阶段，虽然学习方法的效果可能不太明显，然而在这一阶段教孩子学习方法却有一个极为关键的优势，那就是孩子此时还愿意听从家长的教导，所以教孩子学习方法相对容易，是教孩子学习方法的最佳时机。

家长如果不在小学低年级教孩子学习方法，那在很大程度上会错过这一最佳时机，现实中有无数这样的例子。有些孩子由于早期没有掌握学习方法，后续学习困难重重，效率低下，即便投入大量时间和精力也难以取得理想成绩；而那些早早掌握了学习方法的孩子则能在学习道路上更顺利地前行，轻松应对各种挑战。

因此，家长要有前瞻性的眼光和意识，抓住小学低年级这个黄金时机，精心教导孩子学习方法，让孩子从小养成良好的学习习惯，掌握有效的学习技巧，为他们未来的学习生涯奠定坚实的基础。只有这样，家长才能避免错失良机，让孩子在学习的海洋中畅游无阻，游向成功的彼岸。

5.5.2 另外找时间教孩子学习方法

不要选择在孩子钻研教材或写作业的时候向其传授学习方法，而要专门找另外的时间教孩子学习方法。

另外的时间是什么时间？它指的是孩子钻研教材或写作业以外的时间。其实，掌握学习方法完全可以成为孩子日常或者周末计划中的一项。其作为一项独立的任务跟孩子的其他学习任务并行安排，就跟孩子钻研教材或者写作业不冲突了。

不过，家长可以适度提醒孩子。例如，当孩子准备写作业时，家长可以提醒"注意运用之前教给你的解题过程五步法则""记得用草稿纸"等，但这时不要详细地教孩子解题过程五步法则或草稿纸的使用方法。

在孩子每天的计划中，学习及应用学习方法应当是一项固定的任务，每天都需要完成。如果确实没有时间，就集中安排在周末或者长假完成。

要遵循"先培训后实践"的原则，同时一定只在培训环节教孩子方法。当孩子钻研教材或者写作业时，就不要再不停地讲解学习方法了。这就如同某公司购置了一台新的机器时，需要先对员工进行操作培训。先培训，后上岗操作。培训与上岗操作本来就是两个步骤，倘若非要将其合并，便会导致员工手忙脚乱，每一步都做不好。

5.5.3　一个案例

家长："温老师，孩子不愿意用我给他讲的学习方法，这该怎么办呀？"

温爸教子："请详细说说具体情况。"

家长："这两天我认真学习了您讲的审题方法和关于草稿纸的用法，然后在他做试卷的时候，我就提醒他要仔细审题，对不能一眼得出答案的题都要用草稿纸解。可他就是不用草稿纸，后来我发现如果他能在草稿纸上演算一遍那些错题，就能够得出正确答案了。"

温爸教子："我建议你另外找时间来教孩子学习方法，不要在孩子写作业的时候教。要遵循'先培训后实践'原则，在培训环节教孩子。孩子写作业时就别不停地给他讲学习方法了，要在合适的时间做合适的事。"

家长："那我再去试试。可能是我太着急了，他下周一就要考试了，我就想着让他能再专注一些，学会审题和使用草稿纸，这样考试能考好一点。我教孩子的时候，也是按照您的方法，让他逐行逐字地去审题。"

温爸教子："我建议你多学几遍该方法，等你熟练掌握之后，再给孩子示范。尽量不要只是用嘴讲大道理，要直接示范。"

（一段时间后）

家长："温老师，我又去学了一遍该方法，终于知道我之前错在哪里了，我没有另外找时间教孩子，每次都是在他做完一套试卷、我给他讲解错题的时候才教他审题，教他使用草稿纸，那个时候他情绪就很不好。"

温爸教子："实践出真知。另外，也尽可能不要在孩子情绪不好的时候教孩子学习方法。"

家长："嗯，我打算在节假日的时候集中精力教孩子学习方法，好好做一下安排。"

温爸教子："这是个好主意！"

家长："谢谢您！"

5.6　预防孩子厌学是家长的责任

5.6.1　孩子厌学的原因

非洲象前脚有 4 个脚趾，后脚有 3 个脚趾；亚洲象前脚有 5 个脚趾，后脚有 4 个脚趾。你觉得知道这些知识有用吗？既不能果腹，也不能解渴，考试也不会考，有啥用？然而，我儿子小时候天天研究这些有趣的知识，对此津津乐道，并且经常跟我交流。

另外，会背《二十四节气歌》、知晓二十四节气，这又有何意义呢？大多数孩子将来既不在农村生活，也不从事农耕活动，这些知识似乎毫无用处。

不过，家长有没有想过，孩子的学习兴趣、乐趣、积极性、动力从何而来呢？如果一切都围绕考试学习，孩子必然会感到枯燥无趣。若仅看教材、教辅资料，孩子很快就会厌烦，别说孩子，成年人也如此。

有些孩子之所以沉迷于手机游戏，原因之一就是学习太单调枯燥。除了课本学习和应试阅读，家长不让孩子接触那些所谓的有趣的知识。

实际上，像大象脚趾数量这些有趣的知识对孩子的作用巨大，它们并非可有可无，能为孩子的文化课学习增添色彩和乐趣。文化课学习如同蔬菜和肉，而我说的这些有趣的知识就像盐、醋、味精等调味料。即使蔬菜和肉都是上等原料，但是不放调味料，做出来的菜能好吃吗？

孩子的学习也是如此，学习固然重要，但没有这些有趣的知识作为调味料，学习就会变得枯燥乏味。孩子需要蔬菜和肉，也需要调味料。因此，这些有趣的知识绝不是可有可无的，而是必须要有、不可或缺的。家长千万不能过于功利，只知道抓孩子文化课的学习，而忽略了这些有趣的知识。否则，哪天孩子厌学了，家长都不知道该如何解决。

5.6.2　如何才能预防孩子厌学

有家长担忧自己的孩子厌学，或者孩子已经厌学了，这时该怎么办呢？我认为，在孩子的学习过程中，摆在家长面前的有 3 个"抓手"：个人能动性、知识点和做题、学习方法。

第一，抓孩子的个人能动性，极有可能导致孩子厌学。

个人能动性涉及积极性、内驱力、主动性、自觉性、用功等方面。家长若频繁提及这些概念，孩子很有可能认为家长是在对自己进行"人身攻击"，进而产生抵触、逆反心理，从而失去学习热情。

　　个人能动性固然重要，但它并不是靠家长口头强调就能激发的，得靠孩子自我内化，需要家长以身作则。

　　第二，抓知识点和做题也有可能导致孩子厌学。

　　这主要是因为有的家长不提前备课就直接讲，讲得不够生动形象，讲得枯燥乏味；只讲结论，不讲原理和分析推导过程，讲不到点子上；讲的时候动不动就情绪激动，让孩子厌烦。

　　这样一来，只要家长一开口，孩子就没有心情学习了。家长应尽量避免在方法不当的情况下抓知识点和做题！

　　第三，抓学习方法一般不会导致孩子厌学。

　　教孩子学习方法，相当于为孩子提供镰刀、斧头，并帮他们磨镰刀、斧头。砍柴时，镰刀、斧头好用，砍的柴就多，孩子就会在砍柴队伍里脱颖而出。

　　"工欲善其事，必先利其器。"预防孩子厌学的关键在于教会孩子学习方法，让孩子熟练掌握学习方法，让孩子用学习方法去学习。当孩子熟练掌握了正确的学习方法，学习效率和学习成绩就会提高，孩子就能获得成就感，就会产生内驱力，怎么可能会厌学呢？

　　教孩子学习方法比教知识点容易，学习方法比知识点好教，家长学得更快，而且这对家长的文化水平要求不高。文化水平低的家长也能教孩子学习方法。建议家长尽可能抓学习方法，而不要抓知识点和做题，更不要抓孩子的个人能动性。

5.7 预防孩子"塌腰"是家长的责任

5.7.1 什么是"塌腰"

"塌腰"是孩子学习进程中出现的一种不好的现象，就好像一个人腰部突然遭受重创，导致其无法正常行动。在孩子的学习过程中，"塌腰"意味着学习成绩断崖式下降，极为可怕。

有人做过统计，孩子在小学三、四年级时比较容易出现"塌腰"现象，在初中二年级时也常出现。那为何会出现"塌腰"现象呢？因为到了某个特定阶段，比如小学四年级或初中二年级，孩子的课程逐渐增多，知识点越来越难，此时家长力不从心，无法再教孩子知识点和做题了，便撒手不管了。这样一来，一方面，无人辅导孩子知识点和做题了；另一方面，孩子的学习方法又是缺失的，因为此前家长并未引导孩子熟练掌握学习方法。支撑孩子学习成绩的两大支柱（学习方法，家长对知识点和做题的辅导）都缺失了，"塌腰"是必然的。

那要怎样预防"塌腰"呢？家长应尽可能从孩子上小学一年级起就着手教孩子学习方法，而非仅仅关注知识点和做题。家长应以教孩子学习方法为主，以关注知识点和做题为辅。

在小学低年级阶段，家长不能仅关注孩子的成绩，关键是要让孩子熟练掌握学习方法。等孩子进入高年级，课程难度不断增大，家长帮不上忙，只能逐步放手，让孩子自主学习，此时，孩子早已熟练掌握了的学习方法就会发挥作用。此时，支撑孩子学习成绩的两大支柱中，虽然家长对知识点和做题的辅导没有了，但是学习方法这个支柱不仅还在，而且还很稳固，因此孩子一般不会"塌腰"。

5.7.2 一位老师关于"塌腰"的来信

老师："我在微博上关注您很长时间了。之前我一直负责小学低年级（一、二年级）的教学，目前这一届我从一年级带到现在的四年级，我发现学生'塌腰'的现象实在是太严重了，而且很多学生从四年级下学期开始就不愿意写作业、订正作业了，家长也不管。我自己的孩子刚读完一年级，写作业也总是需要催促。我在教学以及教育自己孩子方面遇到了不少难题，希望能和您多交流。"

温爸教子："您是老师，接触的学生和家长比较多，您的发现应该具有权威性，看来'塌腰'现象是普遍存在的。

"'工欲善其事，必先利其器。'这里的'器'，既可以是实际的工具，也可以是学习方法。对于孩子的学习而言，关键还得熟练掌握学习方法。

"孩子在小学三、四年级时之所以出现'塌腰'现象，就是因为缺乏学习方法。'塌腰'现象在一、二年级体现得不明显，主要是因为一、二年级的知识相对简单，家长也能够辅导；到了三、四年级，知识越来越难，家长自己不一定能继续辅导孩子了，也没有教会孩子熟练掌握学习方法，孩子没有依靠了，'塌腰'现象就出现了。如何预防孩子在三、四年级'塌腰'？

"得对症下药。家长在孩子一、二年级时就要尽可能地教会孩子学习方法，让孩子熟练掌握学习方法；如果错过了这个时期，那就从现在开始教。教孩子学习方法，一个暑假或者一个寒假就足够了。"

5.7.3　一位家长关于"塌腰"的来信

家长："温爸，您好！我的孩子是个女孩，正在读小学三年级。一、二年级时，孩子的成绩都能保持在班级前3名，但是到了三年级，她的成绩开始下滑，大概处于班级中下水平。她的语文和数学退步特别大。她尤其不喜欢数学，说太难了，应用题错得特别多，拿到题都不知道该怎么下手。我分析了一下原因，应该是一、二年级的知识大部分是以记忆为主，我家小孩记忆力不错，因此能够应付考试；到了三年级，题目的阅读量和难度加大，而且更多地倾向于逻辑推理，我家小孩在这方面训练得太少。我跟她说我们一起努力，并且买了一些书想陪着她一起练习，但是她嘴上答应，实际上并不情愿，每天磨磨蹭蹭地做完作业就开始折纸、做手账之类的，根本不愿意配合我一起阅读或者做题。温爸，面对这种情况该怎么办？"

温爸教子："我认为这很可能是典型的'塌腰'现象。抓孩子的学习，最关键的是家长一开始选择的方向。有的家长一开始选择教孩子知识点和做题，而不教孩子学习方法，你好像就属于这种情况吧？建议家长一定要确保方向正确，方法正确。助力孩子学习时，家长应该用正确的方法做事，而不是做自认为正确的事。

5.8 不能轻易地将责任归咎于孩子

在教育孩子的漫漫长路中，有一个至关重要的理念需要家长始终牢记，那就是：解决问题，而不是解决人。

当孩子在成长过程中遇到各种状况和挑战时，家长的本能反应或许是去纠正孩子、指责孩子，试图直接"解决"孩子这个"人"。然而，这种做法往往是片面且短视的，真正有效的教育应该聚焦问题本身。

每个孩子都是独特的个体，他们会犯错、会迷茫、会不知所措，这是成长的必经之路。有的人结婚生子当家长了，依然错误不断。我快 60 岁了，还经常犯错。其实，很多时候，也不算是犯错，而是在试错，只是被别人当成犯错了。我不知道该怎么做时，就试错，这个办法不成就换一个试试。人生路上最有效最实用的方法之一就是试错。

试错的本质就是要"发现错误，排除错误"，通过这一过程，我们能慢慢地找到正确的方法。

当孩子不小心打破了一个杯子，家长不应立刻训斥他们，而应引导他们思考如何避免下次再出现这样的情况，和孩子一起寻找解决打破杯子这个问题的方法。

孩子在学习上遇到困难时，家长不能简单地将其归结为孩子不努力或不聪明，而应与孩子一同分析问题出在哪里，看看是学习方法不对，还是知识点理解得不透彻，然后有针对性地去解决。

当孩子与小伙伴发生冲突时，家长不要急于评判谁对谁错，而应帮助他们分析冲突产生的原因，鼓励他们自己去寻找和解的办法。

解决问题，而不是解决人，意味着家长要给予孩子足够的尊重和信任，相信他们有能力在家长的引导下熟练掌握方法，用方法处理好各种问题。出现问题，并不是因为孩子有问题，而是因为孩子对方法运用得不熟练、不恰当、不合适。

如果把问题归咎于方法，通过改进方法、熟练掌握方法，问题很快就能得到有效解决；如果把问题归咎于人，问题便不太可能很快得到有效解决。因为改进方法容易，但是改变人很困难。有时候，人已经非常小心翼翼、努力勤奋了，依然做不好。不要搞错解决问题的方向。

家长要明白，孩子的成长是一个循序渐进、持续不断的过程，在这个过程中会不断地出现新的问题。而家长的任务就是陪伴孩子，帮助他们掌握正确的方法，帮助他们发现问题、解决问题，而不是简单地将他们"纠正"成家长想要的样子。

　　在教育孩子的过程中，家长只有坚持解决问题而非解决人，才能真正助力孩子健康成长。家长引导孩子学会方法，熟练掌握技能，孩子才能在未来的人生道路上自信、从容地应对各种挑战和困难。家长应摒弃那些急于"解决人"的错误观念，用心去引导孩子解决一个又一个问题，助力孩子茁壮成长。

5.9　克服"空对空"现象

在家庭教育过程中，一些家长常常仅凭主观臆想去教育孩子，他们处于一种"空对空"的状态，这通常是孩子学习不佳的根源。这里所讲的"空对空"现象是指，在家庭教育过程中，一些家长常常仅凭主观臆断和空想去要求孩子。以下是一些例子，请大家根据自身情况对照反思，有则改之，无则加勉。

（1）孩子仅仅在上课时听老师讲一次，家长就期望孩子能完全学会、学懂。（解决办法：课后走流程、钻研教材，边钻研边总结、归纳知识点，完善笔记，反复不断地复习，完全吃透知识点，尽可能记住知识点。）

（2）孩子回家后不复习，直接写作业，家长却希望孩子写作业速度快。（解法：让孩子改变流程，先复习再写作业。）

（3）孩子仅用眼睛看题，家长就试图让孩子解答出来。（解法：让孩子运用草稿纸和解题过程五步法则。）

（4）家长期望孩子仅靠广泛阅读就能写出好作文。（解法：家长每天与孩子一起写随笔。）

（5）家长期望孩子不多读多念就能熟练背诵。（解法：让孩子朗读，多读几遍，读的次数越多越好。）

（6）孩子没有学会精读，平时不进行精读，家长期望孩子仅通过泛读就提高阅读理解能力。（解法：让孩子学会精读，平时多进行精读，适当泛读。）

（7）孩子没有学透，家长期望孩子仅仅通过"多学"就获得高分。（解法：让孩子通过学习流程将知识点学透，达到滚瓜烂熟的程度。）

（8）家长期望孩子不钻研教材，仅依靠做题就能学懂、学透。（解法：让孩子将钻研教材放在首位，适当做题。）

（9）孩子没有熟练掌握学习方法，家长就期望孩子提高学习成绩。（解法：家长确保孩子熟练掌握学习方法。）

（10）孩子不会制订计划，不执行计划，家长就试图让孩子提高效率。（解法：家长教会孩子制订计划、执行计划，依靠计划提高效率。）

（11）家长平时不制订计划，就试图让孩子学会制订计划。（解法：家长首先要有计划意识，还要教会孩子制订计划。）

（12）家长制订了计划，但仅让计划存在于脑海中，不把计划写出来，却期望孩子知道。（解法：家长一定要将计划写出来。）

（13）对于没有教过的事，家长就期望孩子会。（解法：家长要先教孩子，先教后考核，不教不考核。）

（14）家长自己做不到的事，却试图让孩子做到。（解法：想要孩子做到，家长自己要做到。）

（15）家长只关注孩子的道德培养，就想提高孩子的学习成绩。（解法：家长尽可能采用技术手段教孩子学习方法。）

（16）家长只关注孩子的分数、名次，而不注重学习方法的培养。（解法：注重对孩子进行学习方法的培养。）

（17）家长仅仅掌握了一两种学习方法，就想在孩子面前指手画脚。（解法：家长找一两本关于学习方法的书或者音频、视频，多看、多听几遍，边看边听边做笔记，掌握全面、系统的学习方法，避免"头疼医头，脚疼医脚"。）

（18）家长不钻研具体的办法，而是热衷于一些大道理或者纸上谈兵。（解法：应尽可能多地探究具有实际操作性的具体办法。）

（19）家长总是说教，而非运用动作进行示范。（解法：家长在教导孩子时，尽可能多采用动作示范，少说教。）

（20）家长整天研究教育的意义。（解法：教育的意义是显而易见的，无须家长研究，家长应研究方法，要切实区分意义与方法。）

（21）家长热衷于用"心灵鸡汤"来安慰和娱乐自己，而非热衷于研究解决问题的办法。（解法：娱乐自己是被允许的，但解决问题的办法更重要。）

（22）家长总是拿自己的成长经历来教育孩子。（解法：家长必须明白自己的成长经历跟孩子的成长经历没有可比性。）

（23）家长总是盯着孩子的缺点和错误，不从自身找原因。（解法：家长不要总是盯着孩子的缺点和错误，应该反复教孩子正确的方法。）

（24）家长不经营好亲子关系，就想着孩子能够言听计从；不了解孩子所处的发展阶段和个性特点，就对孩子提出不切实际的要求或盲目攀比。（解法：家长要下功夫经营好亲子关系，跟孩子正常相处、正常交流，而不是谋求孩子言听计从；因材施教，不对孩子提出不切实际的要求或是盲目攀比。）

（25）家长热衷于了解各种升学信息和关于培训机构的信息，以为掌握了这些信息，孩子就能进入更好的学校。（解法：信息固然有用，但是学习方法更重要，家长要下功夫抓好这一点。）

（26）家长盲目相信隔壁班的某位同学从来不写作业、不听讲，考试却总是第一名。（解法：家长很难知道其他家庭的具体细节，所以应该做好自己该做的，尽可能不要拿自己的孩子跟别的孩子比较。）

5.10　学会一种学习方法比一种都不会强

5.10.1　尽可能不要拿"来不及"当借口

在教育孩子的过程中，一些家长常常提出这样的疑问："现在教孩子学习方法还来得及吗？"这个看似简单的问题值得我们深入思考。

到底怎样才算来得及？怎样又是来不及呢？难道真有一个固定的时间节点，一旦错过就无法弥补吗？事实并非如此。即便明天孩子就中考或高考，今天家长依旧能够把解题过程五步法则和一些考试技巧传授给孩子，也能让孩子提分。

我觉得，家长尽可能不要考虑时间问题，而要考虑"我怎么做才能迎头赶上"。孩子会一种学习方法总比完全不会要强得多。这么看来，怎么会有"来不及"之说呢？

再者，教会孩子一种学习方法是需要 1 年、1 个月、1 天还是仅仅 1 小时？当家长熟练掌握学习方法后，有些学习方法只需短短几分钟就能让孩子掌握，例如背诵的方法。如此看来，时间并非难以跨越的阻碍。

曾经有一位家长仅用两天就完全掌握了我总结、归纳的所有学习方法。还有家长曾在 1 个月内将这些学习方法学了至少 7 遍。从这个角度分析，来得及与否似乎并非核心问题。

要是家长先用 1 ～ 3 个月学 4 遍并熟练掌握我总结、归纳的学习方法，再用 1 ～ 3 个月把它们慢慢教给孩子，满打满算也用不了半年，又怎么会存在来不及的问题呢？

实际上，所谓的来不及，更多的是家长在给自己找借口。家长往往容易被时间不充足的表象所迷惑，而忽视了行动的力量。

教孩子学习方法，任何时候开始都不晚，关键在于家长是否有决心和毅力去行动。

别让"来不及"成为犹豫和拖延的理由，家长应当积极行动起来，把握当下，为孩子的成长和发展努力拼搏。真正的教育不存在来不来得及，只在于家长愿不愿意立刻开始行动。

5.10.2　不能因为觉得来不及就不行动

孩子已经上小学五年级了，家长老是在问此时教孩子整理错题的方法还来得及吗。其实哪怕只教会孩子一种整理错题的方法，比如在错题的旁边贴纸条做标注，也比孩子没有掌握任何方法要好。

孩子上初中二年级了，家长担心现在教孩子如何做课堂笔记来不及了。但哪怕先教孩子一些简单的标记难点或者没听懂的内容的方法，之后再逐步教授其他的方法，对孩子的学习也是有益的。

家长总是担忧孩子已经上高中了，现在培养孩子的阅读习惯来不及了。其实，哪怕只教会孩子一种高效阅读的方法，例如怎样快速抓住文章重点，都比孩子毫无方法要好。即便时间紧张，哪怕家长每天只能抽出一点时间教孩子一种方法，一个月下来也能让孩子掌握不少学习方法。

举这么多例子，只是想要阐明一个道理，教孩子学习方法无论何时开始都不算晚，最好的时机就是当下，一秒钟都不要拖延。同时建议家长，任何时候都不要先考虑时间，因为一旦考虑时间，如果内心原本就有一些抵触情绪，马上就会气馁，进而放弃；而原本想要积极行动的人，则可能陷入紧张状态，本来能完成的任务，也因为紧张完不成了，或者完成的效果大打折扣。

5.11 孩子不是读书的料怎么办

5.11.1 请家长们不要思考孩子是不是读书的料

　　家长只要把自己该做的都做好就行了。孩子是不是读书的料，其实和家长没有关系。对于孩子的学习，家长的任务就是让孩子熟练掌握学习方法；如果有条件，也可以适当在知识点和做题方面帮帮孩子的忙。

　　家长把自己该做的做到尽善尽美之后，或许就会惊奇地发现，自己的孩子一点也不比别的孩子差！

　　做好自己该做的事，这不仅是一种责任，更是一种智慧。总是操心他人的事情，不仅会分散我们的精力，还有可能给他人带来压力。少操心他人的事，并非冷漠无情，而是一种尊重，尊重他人的独立性和自主性，相信他人有能力处理好自己的生活。

　　我们在生活中常常能够看到这样一种现象：有些人自己该做的事情不去做，却老是操心别人的事。这毫无疑问是一种不良习惯。

　　想一想，我们连自己的任务都没有完成，却对他人评头论足、过分关注，这是多么荒唐的事情。这种行为不但浪费自己宝贵的时间和精力，也会给他人带来困扰。

让我们摒弃这种不良习惯，坚守好自己的本职，做好自己该做的事情，用积极的行动去充实自己的生活，提升自己的价值，而不是在操心他人的过程中迷失方向。

5.11.2　觉得孩子有点笨怎么办

（1）看破不说破。对于生活中遇到的很多人很多事，每个人都会有自己的判断和感觉，尽可能不要口无遮拦地把自己的判断和感觉说出来，尤其是那些不太好的判断和感觉。家长要尽可能给孩子留足面子。给孩子面子，其实就是给自己面子。很多话说出来会让彼此都难堪。

（2）家长不必为此烦恼。自己不能左右的事，不必为之烦恼。例如，你会因为沙尘暴而烦恼吗？其实没有必要为之烦恼，因为沙尘暴是不会以你的意志为转移的。烦恼有什么用？又不能改变它。

（3）面对这种情况，家长更要下功夫教孩子各种各样的方法，如做人、做事和学习的方法。我曾经在学习方法层面指导过很多智力条件稍微差一点的孩子，最后他们考上了大学，照样能找到工作，照样能过上好日子。

（4）有道是勤能补拙，我觉得学习方法更能补拙，家长在教孩子学习方法方面的付出能补孩子的"拙"。

（5）家庭教育考核的不是孩子，更不是老师，而是家长。家庭教育考核的是家长培养孩子的方法、下的功夫、积累的经验、吸取的教训。单说下功夫这一项，家长如果感觉自己的孩子条件相对差一些，那么，家长更应该多下功夫，应该重新规划自己的工作和生活的重心，把更多的精力放到照顾和培养孩子身上。

5.12 家长怎么克服挫败感

5.12.1 家长的挫败感源于何处

挫败感对人的冲击非常大，很多家长感到压力大、焦虑等往往都是因为挫败感。然而，家长是否认真思考过自己的挫败感究竟来自哪里？

不管教什么内容，只有教的人比学的人熟练很多倍，才能更好地教会他人。对于要教给孩子的内容，家长是否非常熟悉呢？如果不熟悉，那为何不在熟悉程度上多下功夫呢？数量决定质量，在教孩子之前，家长提前练习过几次呢？家长提前准备过讲解内容吗？关于提前备课的方法，本书已讲解过。

所谓熟悉，是指能够熟练地示范，而不是仅仅在脑子里想一想或在嘴上说一说。如果不能熟练地给孩子示范，那就说明家长还没掌握。家长自己都没有掌握，还谈什么教孩子？家长不能仅仅因为自己生了孩子、养了孩子就理所当然地认为自己拥有教孩子的资格，也不能仅仅因为自己是成年人就认为自己有资格教孩子。我不否认家长作为孩子父母的资格，但是家长教孩子的资格需要单独去获得。要获得教孩子的资格非常简单：熟练掌握教孩子的每一项内容，提前备课。要么什么都不要教孩子，要么做到非常熟练并提前备课，否则家长只会产生挫败感。

大家都知道要因材施教，但这是对教的人的要求，而不是对学的人的要求。在家庭教育中，在助力孩子学习的过程中，家长要根据孩子的特点、理解力和接受力，调整自己的讲解思路和辅导方法。家长调整了吗？如果没调整，恐怕还是因为家长自己不熟练。

家长想要消除在教孩子过程中的挫败感，关键在于提升自身的熟练程度。自己越熟练，挫败感就越少。

建议家长无论准备教孩子什么，自己都要在熟练之后再去教孩子。否则只会产生挫败感。

5.12.2　家长为何教不会孩子学习方法

在现实生活中，有些家长就是教不会孩子学习方法，原因大致如下。

1. 家长不认为教孩子学习方法是自己的任务

一些家长觉得，只要是和学习相关的任务，都应该是老师的任务，家长只需要负责照顾孩子的生活起居。持这种观点的人可能不懂家庭教育的重要性。

家长如果自己先熟练掌握学习方法，再反复教孩子，让孩子也熟练掌握学习方法并用学习方法学习，家长适当帮帮忙，这样孩子长大后家长和孩子都轻松。

2. 家长根本没在学习方法上用心，更别说熟练掌握了

很多家长都是这样的，怎么解决呢？其实很简单。改变一下家长掌握学习方法的流程即可，具体做法是：家长不需要动脑子，也不需要理解学习方法，全盘接收并照做即可。家长在掌握学习方法的过程中，边听边看边动手操作，多听多看多操作几遍，很快就熟练掌握了。

3. 家长教孩子学习方法的次数太少了

教孩子学习方法时，重复的次数意味着质量的高低，每种学习方法要教孩子 30 次、50 次甚至 100 次。

4. 家长总是用嘴教孩子学习方法

学习方法几乎都是行为。家长需要给孩子示范，让孩子模仿，不要只用嘴教孩子学习方法。嘴只是用来解释行为要领的。

5. 家长总是想教孩子那些自己认为重要的学习方法

这是个很大的问题。不管是谁总结、归纳的学习方法，都是系统的，要么一种都不学，要么全都学。挑挑拣拣、断章取义，会破坏学习方法的系统性，那学习方法就不再好用了。对于我总结、归纳的每种学习方法，家长都要教会孩子，而且要按照先易后难的原则教。比如制订计划、草稿纸使用、总结归纳与提炼等，这些是比较难的学习方法，应尽量晚点教孩子；比较容易的有预习、背诵、写随笔、听课、记笔记等，这些可以先教孩子。

6. 家长不相信学习方法有用

家长不相信学习方法有用，或者没有看到立竿见影的效果，就认为学习方法没有用。任何学习方法只有熟练掌握之后才会有用；家长一开始接触学习方法就想着立竿见影，这是不可能的。